まついさんちの子どもめし

まついなつき

KANZEN

プロローグ

ベランダカフェを開店してみる

奥行き60センチの家と外の中間地点 たまにはひと息ついてみる

賃貸マンションに申し訳なさそうにくっついている、ふつうのベランダ。

まさかここでごはんを食べたり、お茶したり、さらにはノートパソコンを持ち込んで仕事したり、ひとつの部屋のように使うとは、まったく思ってもいなかった。窓から見える借景の緑がいいのか、遊びにくる友だちが缶ビール片手に喫煙タイムをけっこう長いことキメるなあとかは思っていたけれど、どう考えても、くつろぐためのベランダとして使うには狭すぎる。

洗濯ものと布団を干して、それでせいいっぱいだと思っていた。

ベランダに出たのは、離婚がきっかけだった。

夫と夫の荷物を住まいから出して、少し広々したマンションの室内とはうらはらに、家をひとりきりで仕切る重圧みたいなものが、じわじわとのしてくるような気がした。家にオトナの人間はわたしひとりなので、気軽に息抜きに外に出られない。

いつでも子どもたちの顔と声と体温がそこにあって、からめとられるように毎日を繰り返している。

ある春の夕食後、わたしは頭が痛かった。

徹夜のまま急ぎの仕事をすませ、そのまま怒涛のように三男のお迎えに行き、夕飯をつくり食べさせる。次男が宿題をしたいのに、長男がテレビをつけっぱなしにするので、ラチがあかない。三男が注ぐだけ注いで口をつけない牛乳のコップに、腕があたって床に流れ落ちる。

洗い物のヤマと食べ残し、洗濯ものはこれから干して、洗面所には泥の靴。新たなしめきりは明日の昼。おもしろくもない、い

つもの日常だ。

ぼんやりと痛い頭で、熱いお茶をいれる。そして発作的にベランダに椅子をひとつ出すと、そのまま外に出た。子どもたちがわらわらと後に続いて出ようとするのを「ちょっとひとりにして」と制して、窓を閉める。

子どもたちはすぐにあきらめて、室内でさっきの続きのシーンにすぐ戻る。

テレビを観る長男、宿題のはかどらない次男、こぼした牛乳の上にタオルをおいてみる三男。散乱した日用品と、半端にしかさげられていない夕飯の食器。

蛍光灯の照らす室内を暗いベランダからひとりで眺める。

さっきまでその日常は、わたしの日常でもあったのに、ベランダの窓ガラス一枚隔てただけで、まるで舞台装置か、テレビのなかの情景か、動物園の檻のなかのことのように遠くに見える。

涼しい風が頭を吹き抜けて、まだ少し冷える春の夜、熱いお茶

一杯分、わたしはベランダから自分の家のリビングと子どもたちを観察しつづけた。灯りの中は退屈だけど、大切な情景だった。頭痛は……この窓から見えるあそこのあたりをざくっと片付けて、風呂に入り体をのばして、灯りを消して眠れば消えるはずだった。

空気が冷えて気持ちのいい夜にわたしはいたし、ドアを開けるとそこには子どもたちのつくる暖かい喧騒がある。

それからベランダのサイズをはかり、そこにちょうどよく置ける奥行きの小さなアウトドア用のテーブルを購入する。実家からもらってきた木の丸椅子は、多少濡れてもいいように、上の子が防水ペンキで色を塗った。

わたしはどこにもいかないで、毎日ここで子どもたちのごはんをつくる。

小さなベランダカフェでつく、どこにも疑問の余地がない深くてゆるい呼吸をわたしは手に入れたのだった。

まついさんちの子どもめし　*目次

プロローグ　ベランダカフェを開店してみる …… 002

1章　ふだんめし

#01　弁当は勝負なのか!? …… 010
#02　スパゲティでバトル! …… 014
#03　負け犬のオムライス …… 018
#04　冬のおかず …… 022
#05　野菜もりもりカレー …… 026
#06　そうめんトマトきゅうり …… 030
まついの家プロフィール …… 032
#07　ふぞろいのたこ焼きたち …… 033
#08　土鍋ごはんでほっこり …… 038
ホルモン異常 …… 041
#09　パンの献立でどうよ? …… 042

2章　ひとりめし

#01　夏休みサンドイッチライフ …… 046

#02 いつでもチャーハン …… 049
#03 餃子をおなかいっぱい …… 053
#04 にんじんごはん …… 056

包丁を使わない献立 …… 060

#05 湿気があるけど、肌が涼しい日 …… 062
#06 ぶっかけめし、もってこい!! …… 065

10月も終わりになると …… 068

#07 カレーをつくりつつ、ふと …… 069
#08 牛乳とあずき …… 073
#09 太巻き修行 …… 077

3章 ハレの日めし

#01 男だらけのひな祭り …… 082
#02 年越し年明け …… 088
#03 まついさんちの鍋・釜・食器 …… 092
#04 いつかサンタになりたくて …… 097
#05 狩り部の日々 …… 100

#06 豚汁ライフ …… 104
#07 ハロウィンも使いよう …… 107
#08 プロ野球の日 …… 111

4章 お楽しみ台所

#01 地元でシュー! …… 116
#02 燃えよ!! 鉄板魂 …… 119
#03 いも! イモ! 芋! …… 124
#04 甘い空気のココアケーキ …… 128
#05 ポトフSOS …… 132
#06 嗚呼、よそのおふくろさんの味 …… 134
#07 常備品いろいろ …… 138
#08 フルーツホットケーキ …… 142
#09 子連れでおいでよの時代 …… 145

子どもの分際 …… 149

エピローグ …… 150

写真●谷本 明世

1章◎ふだんめし

#01

弁当は勝負なのか⁉

ちまちましいオカズはいらない？気合でつくる男弁当

弁当は、保護者としての技術と技能の決戦場だと思っていた。

「うち、ちゃんと食べさせていますから！」っーことを、衆目にふれる弁当箱の中身の充実と彩りでアピール、宣言しないと。

ふだんは給食のお世話になっていて弁当の出番というのは、遠足や運動会のときくらいだ。あとは学童クラブの夏休み。

拍子抜けするほど回数少ない。

そーゆーわけで、頻度も少ないのだし、とそれなりにがんばった。

夏、暑い盛りの学童の夏休み弁当は、ちょっとダメ？　というときもあったが、冷凍食品や前の日のおかずの材料や残り物のアレンジ、もともとちまちました作業が好きなので、ちまちまとがんばってきた。

しかし子どもたちが喜ぶのは、朝から台所で、だーん！　だだだだ、ばーん！　べしっ！　と気合だけでつくる、繊細さのカケラもない弁当。ハンバーグとかそぼろめしとか。せ……せめてイチゴを添えましょう……とか、どきまぎしていたら「ぬるくなるからいらねー」と。

末っ子が1年生に入学し、全員小学生となった春の全校遠足。大きいほうと中くらいのほうの息子はついに弁当のおかず拒否宣言。

大きいひと「おにぎり大きめで3つ。中身はなんでもいい」バシッ！

中くらいのひと「おにぎりふつうの3つ。中身は昆布佃煮のみ3個」ビシッ！

卵焼きもきゅうりの漬物もちくわと野菜の煮物もミニお好み焼きもプチトマトも、とにかく余計なものは入れるな、うざい！　と。

「唐揚げとかは、アツアツのほうがおいしいじゃない。弁当に入っている意味がわかんないよ」「おにぎりだけぱっと食べて、すぐ遊びたい。おかずは家で食えばいい」理にかなってますね。

ちまちました弁当づくりが、わたくしの個人的な自己満足にしかすぎない。ちゃんとやっていますのよ、を世間にアピールする道具にすぎない、ということが、見抜かれていたのでした。

コロッケだったり
白身魚フライだったり

カツサンド

やきそば弁当は
いつも人気!!

ポテトフライ

このいちごは
撮影用…

低学年の時は

そぼろ弁当が
ラクだし
評判も良い!
あっという間にできる

スパゲティの時は
もちろんナポリタン

しゅうまいも♪

たまご焼きと
煮物のシンプル
弁当
(ごはんにタラコ
のせることも)

#02

スパゲティでバトル!

ごはんを炊くようにスパゲティを茹でる

毎日毎日、献立のことを考えております。

外で仕事の日は、帰宅したとたん時間勝負なので、帰る道すがら手順込みでなにをどうして食わせようかと考えております。

で、帰宅してから米を炊く時間がやや不足……、おかずメニューにバリエーションが尽きてきた……などの軽いピンチ状態にみまわれたとき、わたしはイタリアのママのようにパスタを茹でます。

みてますか?　イタリアのママ!　わたしは本

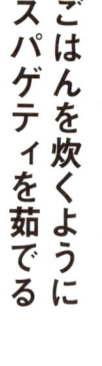

日も立派に子どもたちにめしとか食わせてますよデル・ピエーロ！　って「イタリアのママ」は一般名詞ですが、つまりぜんぜん血縁でもなくいいがかりのように、パスタを茹でるのです。

早茹での工夫のある（麺に切れ目が入っている）麺を常備しているのと、蛇口をひねればすぐにあっついお湯の出るふざけた暮らしのおかげで、パスタはごはんを炊くより早くに「主食の座」につきます。

茹でたてのすべすべした表面から、もあもあと湯気を吹き上げて、オリーブオイルを少し垂らされて、おとなしく皿に盛られる。途中ちょっと暴れて熱湯のしずくがピチッと腕に反撃をくわえたりはするが、こちらの命に別状はない、いわゆる炭水化物食物との戦い。牛を肉にする手間ひまと、小麦をパスタにする手間ひまをどこかの誰かにおしつけて、戦いもクソもないけど、口あけて並ぶ子どもの前にこの皿を並べる速さも戦いの一部。負けると目の前の子どもたちが飢え死にするのだ。援軍の弁当屋や友軍のコンビニをも従えて、長くくどく熾烈に戦っているのです。

とか妄想している間に（麺が茹であがる間に）、右手に解凍されたミートボール、左手にケチャップ、マーガリンでコーンをソテーして、ピーマンの細切りも軽く炒めてウスターソースで軽く味つけする。キャベツを刻んでクレイジーソルトで水分をかるくしぼり、お酢とお砂糖とマヨネーズでコールスロー風にして……。

オリーブオイルの香りは湯気に絡んで部屋に広がる。この横に「夕飯の白いゴハンのおかずとしてはちょっとムリ？」と却下されたものたちが、ちょうどいい感じで添えられていくのだ。よし、ウィンナーも炒めよう。

朝ごはんになら、お昼のお弁当になら……じゅうぶんお役にたてる冷蔵庫のB級食材たちよ、いま、茹でたてスパの元に集結だ！

そして我が家の食器棚には、さらにたのもしい「ステンレスのランチ皿」がある。この皿はいわゆる「魔法のディナー効果」をもたらすね。区切られた小さなスペースには、チーズとか、クラッカーとか、プチゼリーとか、冷凍されていたくだものの残りとか、絶対それ夕飯のおかずにはムリだろう！　という食べ物を見事に受け入れてくれるのだ。このランチ皿と茹でたてパスタのおかげで、幾度「夕飯支度の死線」を乗り越えてきたかわからない。特に全員幼児～小学校低学年のときは、クラッカーにチーズのせたのをおかずにしながら、ミートソースのかかった茹でたてスパをつるつる食むという、どこが主食でどこが副食かよくわからんのです！　箸休めは枝豆とちくわだし！（つまみ？）という混乱を、それらしく「母が夕飯の支度しました」という体裁を整えるのに、活躍してくれました。

いまはもう、みんなそれなりにおっきいので、このランチ皿は朝ごはんのときに活躍することが多いですが、茹でたてスパの代わりにパンが乗ってます。

□ランチ皿が強い味方

茹で鍋からトングで麺をつかみ出し
トング
そのままフライパンで オイルとまぜる
コールスロー
1本しかないバナナ3等分
ぎょうざの皮のピザ
これ、ランチではなく夕飯だったり
プチトマト
ウィンナ
やきそば
キウイ

#03

負け犬のオムライス

一気に3人前でも大丈夫 ぶきっちょでも問題なし

もともとなんでも早くつくるのが得意だけど、オムライスつくるのも異常に早い。冷やごはんある？　卵ある？　ケチャ……まで必要な材料があるかないかを見切って5分で、子ども3人分のオムライスが食卓に並ぶ。

コツのひとつ目は、たまねぎ入りのミックスベジタブルが冷凍庫に常備されていること。

もうひとつのコツは、先に卵をスクランブルエッグにしておくこと。

うす焼き卵で包まずに、スクランブルエッグをのせるつくり方は、30すぎてから夜遊びにはまっていたころに編み出したワザだ。朝までそこいらを飲みながらほっつき歩いて、誰かのアパートで仮眠する。昼すぎに起きだして、小腹減り対策にスパゲティを茹でたりする。

で、冷やごはんがたくさんあるときは、オムライスをよくつくった。共同のせまい流し台で4~5人分をいっぺんにつくるので卵でくるむ余裕がなく、5~6個分の卵をかき混ぜて、とろっとさせておいた小鍋をスタンバイさせ、中華鍋でケチャップライスをつくり、お椀に半熟のスクランブルエッグとケチャップライスを入れて、お皿の上に次々あけていく。この方法なら、お茶碗にごはんをよそうのと同じスピードで、みんなに一斉にサービスできる。

一度だけ、食べるという人間がふたりだけだったので、ていねいにうす焼き卵で包み、コアラの顔をケチャップで描いて、サービスしたことがある。

夜遊びの友たちは口々に「うわー！ いいなこれ！ まついさん、早く結婚して子どもたちにこういうのいっぱいつくってあげなよ！」と大興奮してほめ上げてくれた。「こういうのなら、おれも食べるって言えばよかったー」とまでいうやつもいた。

みんな年若く、結婚？　子ども？　へ？　というような、明日をもしれない無職つーか、フリーターの年下の子たちである。アルバイトと友人間の適当な融通で、その日暮らしをしている子たち。実家の母親はもうケチャップで顔を描いたようなオムライスをつくってくれない。お店に行ってもメニューにはない。夜遊びを思う存分してもへっちゃらな生活と引き換えに、ケチャップで顔を描いたオムライスは記憶のなかの食べ物になるのだ。

そしてそんな彼らが、仕事も私生活も宙ぶらりんのまま30になってしまった自分に居心地のいい場所を提供してくれていた。同じような場所に同じようにいて、彼らには未来があって、わたしはその果てだったけれど、そこに結婚や出産や刷り部数や経営や税金の話はありえなかったことは確かだ。

なんの話をしていたのやら、笑っていたのか、楽しんでいたのかも定かじゃないけれど、わたしはただただラクだった。でも、オムライスにケチャップでうっかりかわいいデコレーションを入

れた午後、悪気のない（だってほめコトバだし）その子たちの空気に、突然オエッとなって、そのまま自分のマンションに逃げ帰ってしまったのだ。そのころは自分の感情にフタをして、いろんなことをやりすごすことに慣れていたから、かなしいとか傷ついたとか、そういう問題では全然ない。

ただ子どもの空間と、それにつづくオトナと子どもの間の半端な空間から、トコロテンのように押し出されていくような妙な感覚を味わっただけだ。

こんなものが手早くつくれるひとは、早く子どもを持ってオトナになりなさい。

それは自分で自分に出したダメ出しなんだろう。

それから10年の間に、子どもを産んで、わたしのオムライスは、やっぱりケチャップで絵を描いたりはしない。10年前よりも、いまはもっと手早く大量につくる必要があるからね。

#04

冬のおかず

時間がないときでも、サッと煮える煮魚は便利
大根や里芋なんかと、いっしょに煮よう

煮魚に便利なのは
ステンレスのひらべったい鍋
フライパンでも
煮ますけど。

魚料理はめんどくさい。

ウロコやはらわたの処理がたいへんだし、つくっても小骨のせいか子どもたちはあんまり喜ばない。

手間ひまかかるのに、つくっても喜ばれない。

これは遠ざかるよ、魚料理。

でも実は、切り身になっているものを買ってくれば、そうたいへんじゃありません。

売り場に並んでいるとき、姿丸ごとでごろっと

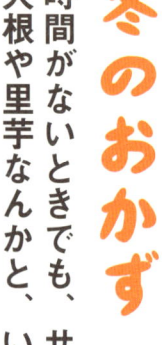

していても、鮮魚売り場の人に声をかければ、ウロコとって3枚におろすというのは、簡単にやってもらえる。

手間ひまというより、値段が問題なのかも。魚って高いんだよねえ。

離乳食のとき、白身の魚を、と本に書いてあるのを本気にして、タイだのヒラメだの蒸して食べさせていた。ちょっとしか食べないからなんとかなったけど、今、こんなもん腹いっぱい食わせたら、財政が破綻する。白いものなら豆腐でも食っていてくれ！　としかいえない。

そんないわゆるふつーのイマドキな我が家の台所だけど魚は煮る。いわゆるアラの部分。ここはお買い得になっているし、脂ものっていてうまい。煮汁に入れる前に塩水でよーく洗っておくのが、おいしさの秘訣。ブリなんかは熱湯でさっとゆがいて臭みやヨゴレを落としてから煮る。

たいした手間ではないよ。

煮魚で一番多くつくるのが、子持ちカレイの煮つけ。

これはおいしいとか、簡単だという理由ももちろんあるけれど、子どものころの自分の食卓に頻繁に出ていました、という理由が大きい。

昔はほんとうに魚をよく食べていた。

昭和の日本のふつうの食卓というのは、おかずといえば魚だったのだ。

北国のせいか、秋から冬にかけては、子持ちもののオンパレードだ。

ニシン、ハタハタ、鮭、カジカ、タラ、カレイ。

たいがいの魚は卵がはずされて、身と卵は別々の料理として食べるものだったけど、ハタハタとカレイに関しては、煮汁の味がよくしみた「子持ち魚」がそのまま食卓に上がった。

家族の皿を見比べて、どの皿に煮汁つきの卵がより多く入っているかを瞬時に見極める。よしこれだ！　と見定めても、食卓を管轄している祖母や母が、めざとくその不正を見抜き、箸でパカンと卵の塊を割って、少なめの卵しか割り当てられていなかった姉や弟の皿に移動させてしまうのだ。

魚の卵に興味のない姉が、つまらなさそうに押し戻してくる。その行為がなければキレていたと思う。だって、卵がたくさんの皿は、その分、身の部分が少ないんだよ！

麩《ふ》の卵とじ

小松菜と油あげの炒めもの

ミニミニコロッケ

豚バラ肉にんにく焼き

炊きたてのごはんに合う、甘しょっぱい煮魚は、秋口から冬にかけての夕飯の定番だ。

子どもが小さいうちは、甘辛い煮汁がかかっていないところをほぐしてごはんにのせてやり、すこし大きくなってきたら骨をはずしながら食べることも覚えさせる。カレイは大きな中骨さえはずせば、あとはそんなにめんどうなこともない。切り身がこぶりなときは、鍋にいっしょに小芋や大根を入れて、全体量を増やす。魚の煮汁がしみた野菜は、コクがあっておいしいのだ。いそがしい時も冷凍の里芋を5～6個入れるだけで、簡単に一品増えるから、時間がなくて手間ひまかけられないときほど、煮魚は便利なメニューだと思うよ。

#05

野菜もりもりカレー

夏の野菜不足はカレーで解消
ひと工夫でおいしさアップ

kiri

毎日でもカレーの
カレー夫人

夏に野菜をたくさん食べるには、やっぱりカレーにするといい。

暑い国ではみんなカレーというか、カレー風煮こみ料理が定番だ。

地球温暖化で日本は亜熱帯化しているので、とにかくやっぱりカレーを食べて汗をかくのがいいんだと思う。

子どもたちが小さかったころは、カレーを辛くできないので、野菜たっぷりの甘めのカレーをまずつくり、自分の皿にだけ辛味調味料とか、こしょうとか、スパイスをどんどん放りこんで激辛にして食べていた。

家族の多かった昔の家では、オトナ用辛口と子ども用甘口のふたつ鍋カレーというのが日常の光景だったような気がする。そうそう、そうだよ、夏休みで親戚が大勢集まるときは、確実に辛口・甘口ふたつ鍋だった。

カレーのつくり方は、カレーをつくるのが上手な人を好きになるたびに少しずつ変化したりする。

小学生のとき、大好きだった叔母が教えてくれた秘伝の方法は、たまねぎのみじん切りを炒めるときに、しょうがのみじん切りを一緒に炒めるというのと、仕上げにすりおろしたりんごをくわえるというものだった。

ただ、材料を炒めて水を足して、ルーをとくのは違う、秘密の味わい。

小学生のわたしが受けたショックは大きい。

「そうか、こういうひと手間や工夫でおいしくなるのがカレーなんだ!」

それから、通っている専門学校のそばに下宿があったボーイフレンドが仕上げにこしょうを大量に入れてつくる激辛カレーとか、料理上手な年下の女友だちの「にんにくとセロリのみじん切りを下味にしないと許せないものに仕上がる」という主張とか、有名店のカレーはバターだらけ！　って知っていた？　というウンチク婦人、具にならない程度につぶしたトマトが決め手！　と叫ぶ先輩女子とかの、さまざまなカレー名人たちをわたしは好きになり、わたしのカレーの味は、わたしが好きになった人がいろんな個性でいろんな味を持つ人たちであった証拠のように、つくるたびにいろいろ違った味わいになる。

十年一日、同じような市販のルーを使ったり使わなかったりしながらも、具材もスパイスもつくり方もそのとき家にあるものや買い物に出かけたときの気分でぜんぜん違う。

「子どもたちに野菜をたくさん食べさせたい」という気持ちでつ

くる夏のカレーは、オリーブオイルと塩で味つけするラタトゥーヤのカレー味版。トマトを多めに入れてつくれば、野菜の甘味と酸味で子どもも舌でもそのまま食べておいしいし、香辛料との相性も当然いいので、オトナ用はホットソースや香辛料を好みでくわえられる。

そして夏野菜のカレーは、日本風の白米よりもアジアのタイ米や、パンやクラッカー、ビスケットに合うのです。

暑い日にコンロひとつだけでなんとか、野菜カレーをひと鍋つくったら、あとは冷たいオレンジジュースと、そのまま食べられるパンやビスケットとチーズ。それでじゅうぶんではありませんか!!

#06

そうめんトマトきゅうり

献立に困ったら夏はそうめん するするすると喉越しさわやか

暑い夏は献立に困る。

とりあえず水分は取らないと脱水症状で死ぬという危機感で今日もそうめん。

そうめんはすばらしい。

冷たくて、つるっとしていて、真夏の昼でも、熱帯夜を予感させる気温の下がらない夕暮れどき、喉越しもさわやかにするするっと胃袋におさまってくれる。一度、そうめんを一口飲みこんだとたん、味もなにもなくおかしいな？　とは思ったがそれは夏風邪で熱が38度あったときだった。

で、そうめんは炭水化物なので、おかずが必要だろうということで、めんつゆを用意。

……いやウソです。

ネギを刻みます。

でも小さい子どもは、刻んだネギなんか食べやしないの。

「これはネギじゃなくて、ヤクミ」といっても納得しません。

というわけで、オトナだったらネギどんぶりいっぱいの上に、そうめんを散らして食うのですが、子どものめしという場合は、きゅうりを刻みます。ネギの大きさに。

……ウソです。

ふつうにスライスして、お塩でちょっともみます。トマトも切ります。

生野菜が苦手な子どもはですね、口当たりが苦手なのですよ。生野菜なんてそもそもそんな特徴的な味はないし。だからきゅうりでもキャベツでも生野菜はお塩でちょっとしんなりさせると食べやすくなります。そのうち大きくなってくると自分で冷蔵庫からマヨネーズ出してきてモリモリ食うようになります。

夏は、そうめん、トマト、きゅうりのくりかえしです。

まついの家プロフィール
1992 年末 結婚
1993 長男 生まれる
1995 ベランダのあるマンションに引っ越し
借景の緑豊か
夏 次男生まれる
1997 三男生まれる
2001 息子たちと4人暮らしに
9才 7才 4才だった
カメラは
谷本ちゃん
この本の撮影・原稿などは
およそ
2002年〜2004年ぐらい
3人とも小学生の時代
ダウンしてたのは2003年くらい?
2005 10月 10年住んだマンションから
同じ町内で引っ越しました
ベランダ広いけど
吹きさらしすぎで
つかえません♪
この人が
中学に
なるので
2006
13才

ふぞろいのたこ焼きたち

小学生男子10人でサバイバルごはん

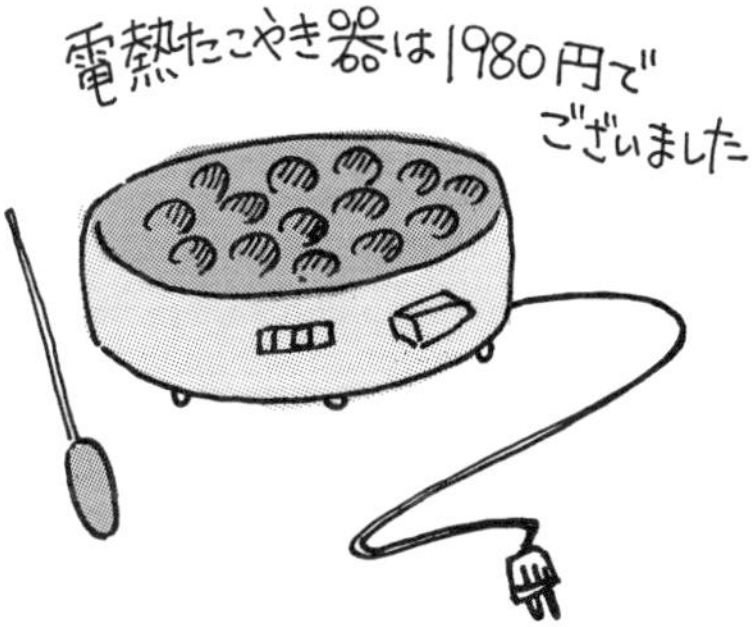
電熱たこやき器は1980円でございました

できないことができるように教えて手を貸すのは、オトナとしてあたりまえのことで、ぜんぜんイライラしたり怒ったりするようなことではない。

えー、そのような話をします。

秋のはじまりの夕暮れ、友だちと顔を合わせた時間がいつになく遅く、門限の時間になってもなんとなく離れがたくなっているときに、我が家のリビングにぞろぞろと横道で集まっていたメンバーがそのままなだれこんでくることがありました。もしくは、雨の休日の昼飯どきとか、なんとなくな感じで、理由はよくわからないまま、小学生男子ごはんの集いになることが。

そんな感じで、まるでサルの群れにイモを投げこむとどうなるんだろう？　というような興味がじゅうぶんに満たされるナゾの宴会が、なんでもない秋の日の一日に開催されたりします。

こういうときのメニューは、お好み焼きとか焼きそば、そしてたこ焼きですね。リビングのテーブルに材料を出しておけば、子どもたちが自由に自分たちでなんとかしてつくり食べてしまうもの。高学年組がおもしろそうなところをやるために、中学年組に「野菜を切れ」とか「卵を割れ」とか指令を出します。下準備ができたら、あたたまった鉄板だの、たこ焼き器だのに油を敷いて、種や具を入れるのは高学年なのね。まあ、そこが一番楽しそうだし。

物陰から見ていると、年齢や兄弟構成にかかわりなく、興味もってやる子はやるし、やらない子はやらない。教育とかではなく、ある程度生まれつきの資質であると思う、食べ物への取り組み。

人がいっぱいいることに興奮して「食い物どころじゃない！」という子とか、皿の数とかコップの数をひたすら気にしている子がいるとか。　ごちゃごちゃの混乱のなかにも、それぞれの個性というか、立ち位置が見えてたいそう興味深い。

で、おもしろいのは、年齢の高いもの、力や発言力のあるものから、まず食べるのね。低学年のおかあさんたちはこの光景を見たら卒倒しちゃうんじゃないか？　と思うんだけど、どんなに気配りができて、低学年の子たちのめんどうをよく見る子でも、メシはとにかく「己の腹を満たす」のが優先。高学年の子たちのおなかが一通りいっぱいにならないと、事態は混乱のままだったりするのだ。

で、だいたい大きい人たちのおなかがおさまったかなーというころ、要領のいい低学年の子（だいたい兄が大きい人グループにいたり、性質的にものおじせず、人なつっこかったり）が、近づいていってパクパクっと食べる。

で、最後に一番小さい人たちのなかでもおとなしめだったり、あんまり食べることに興味を持っていないような風貌の子たちが、おそるおそる近づいてきて、やっともそもそと残っているものを食べ始める。

サルですよ！　サル山のサル！

食べ物が豊富であれば、まあ問題ないのですが、こういう野生のあり方は、食材が少ない場合に、強いものが食べ、弱いものは押しのけられるという宿命があります。きびしい自然環境のなかでは、子孫を残す可能性のあるオトナのオスが小さな者や弱い者ををはねのけるんですね。子どものサルが子孫を残すほど育つには数年の歳月がかかるから。その歳月というリスクをさけるうまいシステムです。

はっ、こっそり影から見て、なにを思いめぐらしているのか！

この人たちは野生のサルではなく、都市の人間なので「弱肉強食」は取り入れんでもいいのです。頃合いを見てこどもたちの間に入り、ある程度のところまで大きい人が食べたら、小さい人たちに優先的に食べ物がまわるよう注意を促すのです。この、ある程度は大きい人たちを優先させるというのがダイジなんですよ。大きいったってしょせん小学生なので、自分らが腹ペコだと、いろいろぞんざいになるのです。小さい子たちに親切でやさしくするおにいさんたちが見たいなら、形だけでも大きい人を立てる、ということを忘れないほうがいいですね（ほんのひと皿の順番くらいなので）。小さい人たちは、大きい人たちをちょっと怖い、この人たちの言うことは聞くほうが得だ、という感覚があるほうがいいです。犬の群れの秩序みたいなもんで、大勢集まっていても、ボスがどの子？　というのを把握して、その子に場のルールを理解してもらえば、数が多くてもそうそう混乱することはないです。男の子だけの集まりなら、多少の理不尽も「ルールだから」という方便でかなりのムリが効くので、男の子3人のわたしはかなりいろいろ得させてもらっていると思うです。

ところで……そんな群れのなかには、ソースやマヨネーズの美しいトッピングに夢中になって、自分が食べるどころじゃないんだよ！　というタイプの子もいますが、それもこの子たちがサルではない証！

さあみんな、人間ならば、みんなのおなかが平等にくちくなるよう、思いやりをもったり、声をかけ合ったり、そういう技術をおぼえようではないの。

わたしたち大人が責任もって教えるからさ。

#08

土鍋ごはんでほっこり

おかずはあとまわし
とりあえず白米炊こう

土鍋でごはんを炊いているのですが、これがウマイのです。

ごはんの仕度、やる気が出なくても、とりあえず白いごはん炊きます。炊けば、なんか炒めるか？　とか、お麩ならみそ汁くらいつくるか？　とか、感情ではなく筋肉の動きとして（カラダがおぼえとるというヤツ）自動的におかずらしきものを手がいじりはじめたりもする。

おかずムリでも、とにかく炊きたてごはんがあれば、あとは梅干に番茶でも、ふりかけでも海苔でも、納豆でも生卵でも、おなかはほっこり満たされていく。

夕飯が、それだけってことあるよ、マジで。

いそがしいし、体調もいまひとつ、外には食べに出られないし、出前もいまいち、お弁当屋さん、コンビニは？　いろんな選択肢のなかで、「そうだお米があるじゃないの」と思えれば上々なのです。おかず何にする？　がどうしてもイヤで気持ちもココロも動かないとき、「白いごはん炊こう、それだけでいいや」という選択肢、男の子どもはわりあい喜ぶみたい。

「これだけ？」って聞かれるよ。でも「うん、これだけ！」とひくつにならず答えると、「ふーん」と言うだけで黙って食べるよ。

まず炊きたてを湯気あびながら、つけもので一膳。

二膳目を納豆や生卵で、最後におこげにかつぶしとしょうゆをかけて、おにぎりにする。

わたしがイライラとそのへんの野菜つかんできざんで、なにかつくっても、それはたいていまずくて誰も箸をつけないので、よけいにイライラがつのる。

だったら、「白飯だけ夕飯」のほうがずーっといい。

で、炊きたてごはんで気持ちがちょっと元気になったら、キャベツの切れ端やニラをきざんで卵と粉とじゃこ混ぜて焼いて、お好み焼き風にしてみたり、冷凍しておいた餃子の皮をピザ風に焼いてみたり、だらだら食いをする。そういうときもあるよ。

　そして、こんなときのために白米に混ぜて炊ける発芽玄米や、1回分ずつパックになっている雑穀米を冷蔵庫に常備。香ばしくなるし、白飯だけより栄養価もぐんとアップ、白米だけ夕飯の強い味方なのだ。

生協の配達は月曜日
野菜がいっぱい!!
野菜まみれの献立に!!
水曜日あたりに物資不足!!
うわー買い物に行かなきゃ
土日は正直すっからかん!

私のホルモン異常は
夕方、具合いが悪くなるので
(つわりの時もそうだった)
大出血中
買い物はなんとかしている
動けない.
夕飯に出前弁当が続いた時もあった
茶
秋
おてもと
ボソボソ食べる姿が申し分けなく
くるしまぎれ
毎晩弁当だとロケ弁だけで生きてるタレントさんになっても平気かも
↑大出血をごまかすタオルケット
くすっ
ふっ
みんなちょっと笑った

#09

パンの献立でどうよ？

見たものが食べたい！ そんな習性を利用して献立づくり

夕飯時は、けっこうだらだらテレビがついている。

それで各自テレビに突っ込みいれたり、自分の知っている話やしゃべりたい話を織り交ぜたりして、行儀がすごく悪い、べちゃべちゃしゃべりながらの食卓風景なのだが、あらためる気はあんまりなくて、テレビＣＭでかっこいいおもちゃも、現物見るとしょぼいよな、とか、ただテレビをサカナにくっちゃべって食べるのが楽しい。ときどき笑いすぎて、めし粒がとび、会話も摂食も不可能になるおそれもあるが、まあ気にしない。

で、テレビを見ながら食事をする場合、テレビにラーメンが映ればラーメン食べたいし、寿司が映れば寿司が食べたい。

そういうわけで、火曜日の夕飯時は、パンを食べるという時期があった。なぜなら「焼きたてジャぱん！」というパンのアニメが放映されていたからだ。献立というより「なに食うんだよ」という業を背負った毎日に、こんなうれしいことはない。

パンは炊かなくても、買ってきてそのまま食べられる。パンに合うようなスープやハムのソテー、パスタや野菜スープ、というようにパンから献立が組み立てられる。

下手に寿司の番組のときに寿司を出しても、それは格の違うものなのでかえって哀しくなる。

ラーメンも、ただラーメンではなく、テレビに映っているその店のラーメンじゃないと、逆にストレスがかかる。

その点「アニメのパン」は、アニメなので、現実にはどこにもないから、そういうストレスがない。ただ目の前においしいパンがあることが、ありがたいのだ。幸い家の近所には、家庭的な雰囲気の家族で経営している抜群においしい小さなパン屋さんがある。火曜日はそこでごっそり焼きたてのパンを買って帰る。紙ぶくろから取り出して、トースターで温めれば、さっくり焼きたての香ばしさに部屋中は包まれ、ほかのおかずなんかはどうでもよくなる。

スープも残りの野菜をコンソメで煮こむだけなので、とても簡単。パスタも茹でておいて、オリーブオイルとニンニクだけでさっと炒めるだけ。ジャガイモも茹でてマーガリンを添えるだけ。ウィンナーも茹でるか炒めるかだけで、かぶりつけるようにしておく。

今は「焼きたてじゃパン！」の放映はないのだけど、週に1回パンで夕飯という曜日を決めておくと献立づくりが便利かもしれない。たしか伊藤比呂美さんだったと思ったけれど、献立はローテーションだ、となにかで書いてらした。肉の次は魚、魚を食べたら次は野菜ものをメインにして、そしてまた肉、というように同じリズムで淡々とまわすのが、ストレスなく献立づくりをするコツなのだそうです。これに一票！

夕飯の用意をするひと個人が食べたいものをつくる、というように感情まかせにすると、献立は絶対にいきづまるのだ。

2章◎ひとりめし

#01

夏休みサンドイッチライフ

本日も快晴!! 自転車飛ばしてサンドイッチ屋に

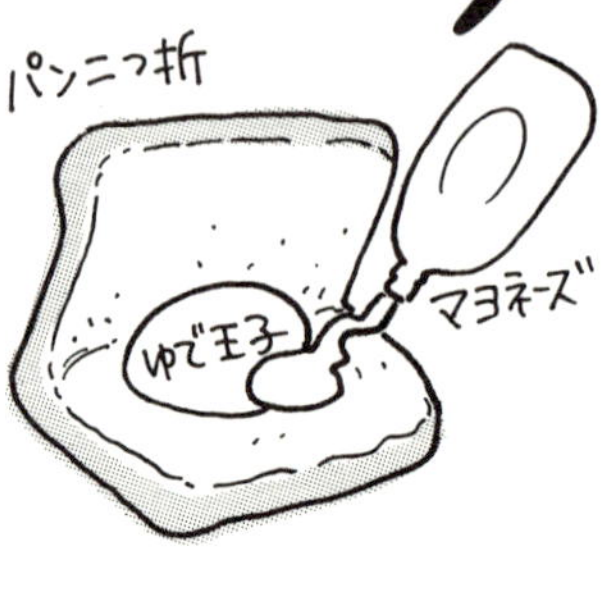

動物にエサを撒くようにパンを撒く。ホーイ、ホーイとパンを撒く。

夏休みの昼、わたしは台所になんて立たない。学校が休みだから、わたしも休む。だからみんなパンを食えってことだ。学校が休みでも、わたしは仕事をせねばならん。だからみんなパンを食べなさい。

あんパンやメロンパン、菓子パンなら文句も出ないだろうというのは、小学校3年生くらいまで。4年生になったとたん長男が「パンが甘い」と怒り出した。

あんパンに甘いんだよ！　って怒る男。

成長期のからだが、甘い菓子パンじゃ足りませんと怒り始めたのだ。炭水化物だけじゃ育たねえ、たんぱく質やミネラルもくれ！と。牛乳だけじゃダメなんだと。

で、パンとそれにはさむ具を撒くという手を使ってみた。油がほしければマーガリンも。

マーガリンをパンに塗る以外、ホットドッグ用のウィンナーを炒めたり、サンドイッチにはさむきゅうりをスライスしたり、レタスをちぎって洗ったり、ゆでたまごを茹でてつぶしたりとかは、小学生男子の台所作業としては、ちょうどいい感じ。前の夜の残りのチキンカツやポテトサラダなんかがあると、文句なし。

そういえば、あやつらがもっともっとチビのとき、それこそごはんに煮詰まって、なに

子どもたちに伝えたい
きゅうりサンド!!
塩でしんなりさせておく
きゅうり
ウスターソース
かける
マーガリン
パン
わたくしが貧乏学生だった頃のレシピです
なぜかカツサンド風味が楽しめます
カツ部分は記憶でおぎなう

食べさせようかグルグルして、ひとつ隣の駅のサンドイッチ屋さんに自転車を走らせたことを思い出した。

お店の奥でおばさんたちがていねいに卵をつぶしたり、きゅうりを刻んだり、コロッケやカツを揚げている。お店のカウンターから奥を見ると、おばさんがサンドイッチをつくる道具がピカピカに磨かれて、きちんと収納されているし、午前中の早い時間だったりすると、まだまだ追加のサンドをどんどんつくったりしているのが見えた。

川沿いの道を、朝から自転車でサンドイッチを買いに。

そのときは、幸せな開放感でいっぱいだった。

そこのおばさんたちは「子どもたちに手づくりのものを食べさせられなくて、情けないです、ごめんなさい」という、うっすらとした気持ちを完全に無視で、「はいよ、よく来た、いっぱい食べさせて。うん、おいしいよ、ちゃんとつくっているからね」と、どのサンドを選んだらいいのか悩むわたしと子どもたちを、にこやかに待っていてくれたもんだ。

つくづく、わたしが子どもたちを育てているんじゃなくて、わたしが商店街のおっさんおばちゃんたちに、「母親として育てられてきた」し、それはいまも進行中なんだろうなあ。

そんなことを考えつつ、私は仕事机でひとり甘いパンを食べて、自分を甘やかす夏休み。

#0

いつでもチャーハン

男の子はみんなチャーハン大好き 味つけいろいろ試してみよう

子どもというのはムラ食いなので、炊いたごはんがそのままごっそり残ることがある。

だからチャーハン。

ごっそり残らなくても、半端に残ったごはんをラップでくるみ冷凍庫へ。それが2〜3回分たまったら、やっぱりチャーハン。

夏に白いごはんでは、食欲が出ないときもチャーシューやたまごの具と油の香ばしさで、食が進む。なんというか男の子は、みんなチャーハンがすごく好きだ。

こちらもチャーハンなら、お安い御用なので、ほんとうに頻繁につくる。

コツはひとつだけ。

フライパン（もしくは中華鍋）をよーく熱することと油もよーく熱すること。ごはんが冷飯の場合、フライパン投入後にすこしだけ差し水をしてほぐすこと（味がよくまざるし、フライパンにくっつかない）。このくらい。

チャーハンにすれば、ごはんが残ることはない。

奪い合うようにして、みんなのおなかに入る。

うちの息子たちは、「バーミヤン」という中華ファミレスのチャーハンが、世界で一番おいしい食べ物だという時期が長かった。

当然、いつもコンスタントにおいしいのがお店の味だけど、変化がないのであきてくることは確か。家でつくるチャーハンは、ごはんの炊き加減も違うし、その日入れる具材も、冷蔵庫にそのときあるものだし、だいたい調味料も気分で変えたりするから、あきることはない。

お店の完璧な味に勝るものは、「うーん、もうちょっとかな?」の、いわゆるもの足りない感だ。もの足りないので、またつぎも食べようかなあっていう気になる。ひと味抜けていて、ひと味足りなかったり、やや過剰だったり、だから何度つくっても、あきないで食べられるのだよ、わたしのチャーハン。

……ってことで今日もチャーハン！

いつも、塩とこしょうとしょうゆくらいでシンプルにつくるのだけど、これはにんにくのしょうゆ漬けがあっての狼藉。以前はやっぱり「チャーハンらしさ」みたいな味にするための市販の素みたいなものを使っていた。でもあるとき、その素をきらしちゃって、普通に塩、こしょう、しょうゆくらいでつくってみたら、そんなにヘンじゃない。

チャーハンの素というのは、グルタミン酸、ようするに化学調味料なので「旨み」がダイレクトにくる。対してにんにくのしょうゆ漬けは香りだ。熱した油のなかにきざんだネギと放りこむと、パッとねぎの甘みにくるまれて鮮烈な香ばしさを炸裂させる。

ソースめしのときは、こしょうをちょっと多めに入れるとか、カレー味チャーハンのときはソースを隠し味にする、少ない調味料の配合と配分で味に変化をつける、といえば聞こえはいいが、分量を量らずその場限りで適当にいろいろぶちこんでいるので、同じ味を

2度とつくれない。ゆえに完成した味というものには絶対たどりつくことがないのである。きざんだキムチと焦がし焼きにして生卵を落とす↓石焼ビビンバ風。溶けるチーズにからませる↓リゾット風。餅のようにつぶしてまるめて伸ばして、しょうゆとマヨネーズを半々に混ぜたものを焼きながら塗る……ここまでくるとチャーハンでもなんでもないが、炊いたお米を野菜と同じように〝素材〟として見ると、いろいろいじりがいはあるよ。

工夫じゃないのです。

工夫というのは、できあがりの結果がよくなることに対する責任が生じる。毎日の食事づくりは「実験」なんだと思う。抜いてつくってみよう、じゃなくて「ないからはしょる」。これを入れたらどうなるかなーじゃなくて「あるから入れてみる」。それで、チャーハンには卵ないといやだなあ、とか、中華風に本格的にするなら長ネギで、たまねぎだとピラフという洋風になるなーとか、つくりながら確認していくのだった。

#0

餃子をおなかいっぱい

宇宙一うまいよ、我が家の餃子!
店でも開いてみましょうか

人生に煮詰まると餃子屋になりたいと思う。

ひき肉とニラと夏はキャベツ、冬は白菜、しょうがとにんにくをひとかけずつ、塩で軽く下味をつけて、ゴマ油をひとたらし。よく混ぜたタネを皮でくるむ。

くるりくるりと無心でくるむ。

白い皮からひき肉のピンクとニラの緑が透けて見えて、並んだ餃子「生」は愛らしい。

そして、熱した鉄板にやはりゴマ油を敷き、焼けたときに鉄肌からはがしやすいように、きれいに並べる。片栗粉をうすく溶いた水をまわしかけて蓋、5～6分焼いてできあがり。

片栗粉効果でフチはカリカリ、水分の蒸発する蒸気を吸ったおなか部分はふっくら、う

っすらと焦げ目のついた表面の香ばしさから口に入れると、外側のゴマ油と内側に混ぜこんだゴマ油が一体となって、

おいしいっ!!

人生に煮詰まっている場合じゃない。

わたしには、こんなにおいしい餃子をつくれる技術がある。餃子をつくり、それをみなさんに食べてもらうことで、残りの人生を歩んでいってもいいのではないか?

一度、我が家の子どもたちに、餃子屋という商売はどうだろう?　と打診してみたことがある。

「いや、毎日つくったらあきるよ」

「おいしいけど……店か……」

・だいたいいつも・　まいにちのぎょうざ
豚ひき肉
ニラ
きゃべつ
その時の気分でけっこう具は変えます♪
・かならず必要・
ゴマ油
かたくりこ
ぎょうざの皮
塩・しょうが
下味をしっかりつけて
酢だけかけて食べるのが好き
・時々こんなものも
しいたけ　大根
ニンニク　たけのこ
えび　白菜
しそ

「他のものもないと、餃子だけだとちょっと」

遠まわしに却下されました。

でもいざ、お店を出すときは、みんな皮にくるむのを、手伝ってくれるそうだ。皿とかも洗ってくれるそうだ。

こんな会話を含めて、餃子屋開店の夢は、煮詰まった人生に希望を与える効果があるように思う。


とにかく手づくり餃子ほど、ひとりめしにむかないおかずはない。

なにしろ宇宙一うまいので、子どもたちとわーわー奪い合って食べまくる。つくりおきで冷凍庫に少量キープされていても、わざわざ餃子鍋にして、やっぱりみんなで食べる。

ひとりめしに合う餃子は、仕事帰りのおっさんがビールと一緒に頼む餃子だ。その餃子は、子育てもとうに終えたであろう、よその知らないおくさんが、午後から夕方店を開けるまでの時間に、ひとりで静かにくるんだ餃子に違いない。

#04

にんじんごはん

にんじんしかないときは、にんじんごはんを食べればいい

すごく簡単だけど、おいしいよ。

にんじんと油揚げをきざんで、砂糖としょうゆ味で炒め煮したものを、炊きたてごはんに混ぜこむだけ。素朴でなんてことのない混ぜごはんだけど、わたしにとっては、いわゆるおふくろの味。どのくらいおふくろの味なのかというと、母親が死んで通夜も葬式も、その後、一切泣かないで済ませたわたしが、四十九日をすぎたころ、にんじんごはんをつくろうと、台所でにんじんをきざみ始めたとたん、母親思い出して号泣したという、そのくらいはげしくおふくろの味。

テレビ見ていた息子たちが、どうしたどうしたと心配して集まってきて、「なんでもな

い、にんじんごはん久しぶりにつくっていたら、死んじゃったおばあちゃんのこと思い出した」と答えたら、なーんだ、それなら当たり前かと、みんな納得して、テレビの前に戻っていった。そのくらい息子たちにとっても、おばあちゃんの味。

コツはひとつだけ。にんじんをとにかく大量にきざむ。

ごはん1合につき中くらいの大きさのものなら1本。3合のごはんには小ぶりのものなら4〜5本きざむことも。にんじんごはんのときは、とにかくにんじんをケチらない、ここだけがポイント。

ごはんをとりあえず炊いて、おかずらしきものがなにもない！　炊きこみごはんかなになら、冷奴とネギの味噌汁くらいで、カッコがついたのになあというときは、後で炒め煮した具を混ぜこむ方式のにんじんごはんを覚えておけば、大丈夫。にんじんさえあれば、油揚げはなくても、しいたけとか、ひじきとか、切干大根とか、冷蔵庫のなかで乾燥しかけているハムのはしっことか、とにかくなんでも味のアクセントにはなる（にんじんの量をとにかく多くするというバランスにさえ気をつければオッケー）。

にんじんしかなーい！　というときは、にんじんだけでつくってください。

ごはんは3合炊くのに、にんじんが1本しかない、こういうときは、炊いたごはんを1合分だけボウルにとって、1合分だけつくり、残りは白いごはんとして食べます。具の量に見合うぶんだけの白飯を混ぜるわけです。

偏食というほどではないのだけど、子どもが3人いると、そのときの気分によって「今日は白いごはんがよかった」と、たとえほかのおかずがなくても「白いごはん」に固執して、うめきつづける子もたまにいたりするので、そういう意味でも、顔色見て、お茶碗1～2杯分、白いごはんを分けておいてから、混ぜこむという技も使えます。最初から炊きこんじゃうと、いやおうなしに全部味ついちゃうからね。子どもたちが反抗期の2～3歳くらいのときは、（ついこの前まで、かならず誰かが2～3歳だったので）そのようにしていた記憶があります。

にんじんの赤い色のマジックで、簡単なのに、この一膳だけでじゅうぶんに「ちゃんとしたごはん」みたいに見えるので、疲れているけど手を抜いているように見られたくないーというときにもおすすめ。

献立は、夏なら冷奴ときゅうりの塩もみとか、秋冬なら、土鍋でつくるあんかけ豆腐と青菜のおひたしとか、炒めものとか、お漬物程度。にんじんごはん、簡単なだけに、あわせるものに凝るとだいなしなので、全部を簡単につくって、気軽に食べるようにしてます。

不思議と、献立ばしっ！　と考えて、ある程度時間かけてせっせとつくりこむ夕飯が何日かつづくと、うちの子たちは、とたんに食いが悪くなる。別にいやいやつくっているわけじゃないんですが、味のなかにわたしの疲労とかが混じりこんで、おしつけがましさフレーバーを感じるんじゃないでしょうかね。

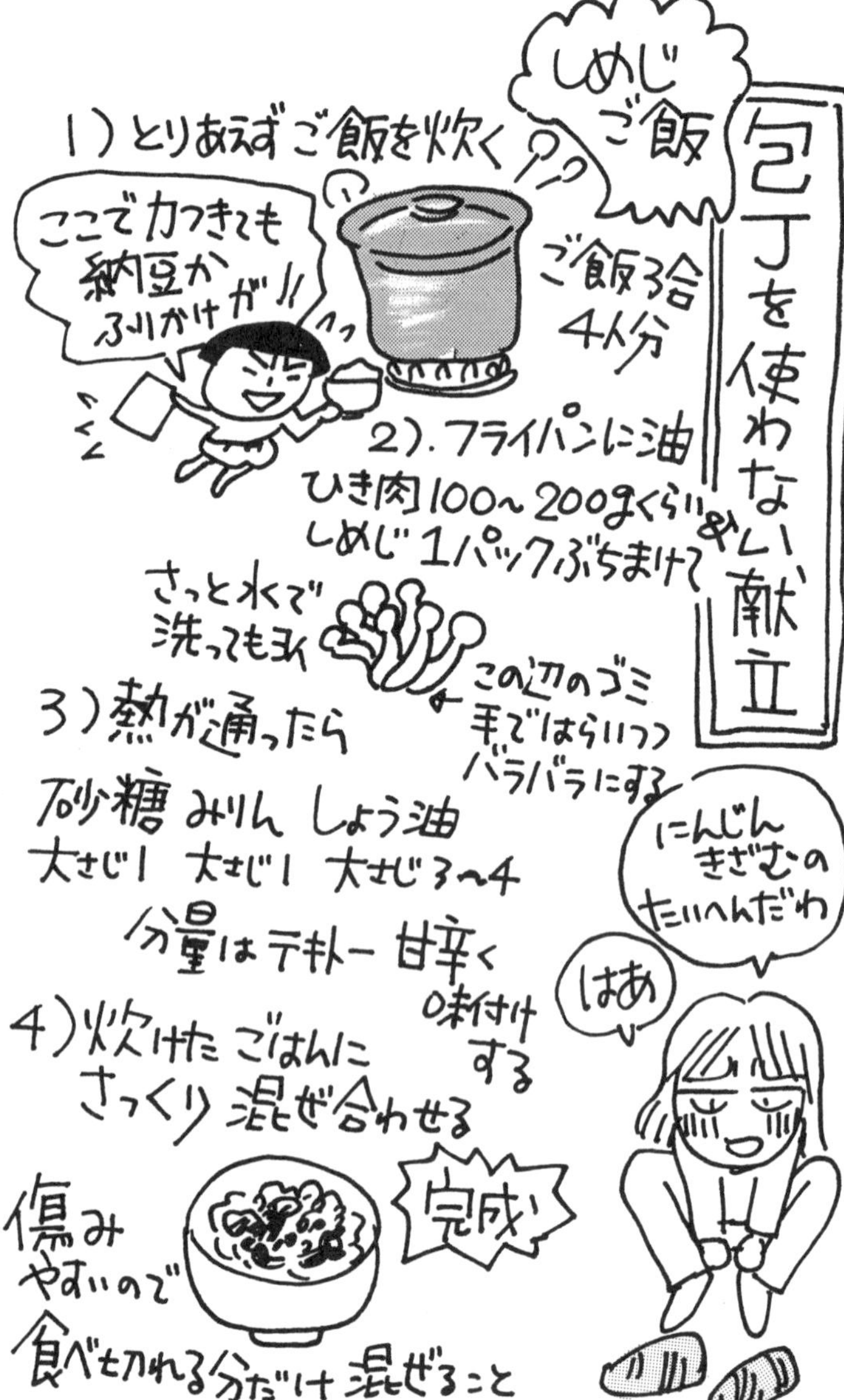
包丁を使わない献立
しめじご飯
1）とりあえずご飯を炊く
ここで力つきても納豆かふりかけが!!
ご飯3合
4人分
2）.フライパンに油
ひき肉100〜200gくらい
しめじ1パックぶちまけて
さっと水で洗っても良く
この辺のゴミ手ではらいつつバラバラにする
3）熱が通ったら
砂糖 みりん しょう油
大さじ1 大さじ1 大さじ3〜4
分量はテキトー 甘辛く味付けする
にんじんきざむのたいへんだわ
はあ
4）炊けたごはんにさっくり混ぜ合わせる
完成!
傷みやすいので食べ切れる分だけ混ぜること

あんかけ豆腐

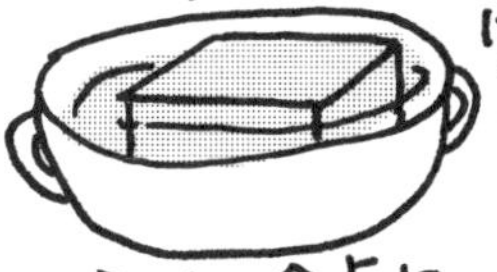
出汁が出たら菜ばしでひきあげる
そのまま食卓に出す

1）土鍋に湯をわかし
かつおぶしをひとつまみ入れる

2）塩 みりん しょう油などで
ちょっと濃い目の お吸い物味をつける

3）豆腐を入れる（手で3〜4つに崩しても
そのままでもOK）

4）豆腐があたたまったら水溶き片栗粉を
かけまわし とろみをつける

～出汁メモ～
おみそ汁の出汁

かつおぶしは
そのまま具

ずずず

昆布も細く切って
そのまま具だよ.

おひたし

小松菜など
青菜を流水で
洗って 手でちぎり
ラップをかけてレンジでチン
あんかけ豆腐の出汁から
かつおぶしと
ざっくりまぜて しょう油をかける

わあ.のりまった!!
ご飯炊けば
10分で
できるから

#05

湿気があるけど、肌が涼しい日

梅雨ってこころも体も具合わるい　とりあえずごはん炊いてみよう

梅雨という季節が、自分の育った北海道にはなかったので、上京して東京暮らしのほうがよっぽど長いくせに、いまだにどういうふうに過ごすのが正解なのかわからなかったりします。

たとえば、長い春や長い秋もわからないし、さあ涼しくなってきた冬だ！　と身がまえたとたんに、冬を飛び越して春になってしまうようなメリハリのなさに毎年あぜんとして過ごしているような……。

肌にまとわりつくような細かく重い雨がちぬちぬ降りつづく梅雨がやっぱり一番苦手（かならずおなかを壊しています）。雨の湿気で肌の表面だけが冷たいときは、自宅仕事人

の自分としては、仕事いっぱい進みそうなんだけど、なんかタオルケットとかにくるまって、本とか読んでいたいです。

外が太陽サンサンで晴れわたると、どうしても洗濯とか掃除とかが気にかかる性質なので、こういう天候のときはデスクワークに集中するチャンスなのだけど。

若いころより、気候にからだや気持ちが左右されやすくなったような気もするし、へんな天候の日は、もうそれだけで疲れちゃうみたいな。

こんなときの、ひとりのお昼はごはん炊いて親子どんぶりとかつくると元気でます。もみ海苔がポイント。

湿気で肌寒いなら、熱いお味噌汁もおいしい予感。

お豆腐とみょうががいいな。

そうなると糠漬けが異常に食べたいのですが、糠は漬けていない。きゅうりとなす……塩揉みして、かつぶしかけてしょうゆをたらそう。

ひとり分のごはんをきちんとつくって食べて、ひとり分の洗いものって少ないなーと、お茶入れて。

……そこでまた本とか抱えてベッドに戻ったとしても、それはなぜだか「今日はなまけたなー」というがっかり感はなく、「今日は休息できたなー」という充実で一日終えることができるのです。

あ、余裕があったら、夕飯の下ごしらえも簡単にしちゃうといいよね、カレーを仕こんでおくとか。

そうすると、うっかり夕飯の準備の時間にウトウトしてしまっても安全ですわい。天候季節に関係なく、腹を減らして外から帰ってくる人たちがいるので。

#0

ぶっかけめし、もってこい!!

いそがしい日 オトナの食事は「燃料」だ!!

朝、パンと目玉焼きとヨーグルトと野菜ジュースなどで息子どもを学校へ送り出し、わたしは豆乳とウーロン茶飲みつつ、お昼にまで出す原稿を書いている最中なのですが、ハラが減ってきました。しかし、すぐに食べられる冷やめしや冷凍麺やパンやコーンフレークがない。

スパゲティを茹でれば、レトルトのミートソースはあるけれど、そのお湯を沸かしてスパゲティを茹でる時間がきぜわしい。

ひとりで家のお昼ってめんどくさい。

先週、末っ子が熱出したとき、彼には冷やめしを土鍋でお粥に炊きなおしたものを梅干

と共に与えて、自分は冷やめしに前夜のおかずの残りのいわしの煮物をぶっかけて、資料読みつつ、立ったままかっこんでいたら、「お昼いつも、そんな感じなの？」と気の毒そうに聞かれた。

家仕事の日はそんなもんだ。

あと黒ゴマペーストに凝っていて、かための酸味のきついパンに塗って食べるとおいしいんですが、それぱっかり10日くらい連続昼飯だったこともあります。冷蔵庫から出して、すぐ食べられる10日連続食い。

しゃべったり書いたりするのは、ハラが減るので、すぐに食べられるものが身近にないとちょっと困る。というか、夕べの自分夕めしは味噌汁とごはんだけだった。

おかずは自分が着席したときには、すでにもうなかった。

「ああ！　わたしのおかずがない！」と叫んだら、「自分の分は先によけておけよ」と逆ギレされた。

2切れのさばの塩焼きを4人で食べるのは、もう限界か？

けれど、しゃべったり書いたりが仕事でないなら、ごはんはこれでじゅうぶん。しゃべる・書くという作業は、自分の内側から放出するという行為なので、思いのほかエネルギーを消耗するのだ。からだ自体は、たいして動いていないというか、ほとんど座りっきりにもかかわらず、おなかがぺっこぺこになる。家事とかは汗だくでどたばたとやるタイプなのだけど、のどが渇くだけでむしろおなかはそんなにすかない。

不思議だなあ。

自分の内側からなにかを押し出すというのが自分にとって「生きている」という作業なんだろうか。外食もひとりではほとんどしない。なにを食べようか考えているうちにめんどくさくなるのだ。もっと楽しんでもいいとは思うのだけど、オトナになると食事というのは「燃料」っぽい。子どもたちの食事のしたくというカテゴリーが自分の生活になかったら、わたしはなにを食べるんだろうなあ、とちょっと呆然とする。

10月もおわりになると……
日が早く落ちるのでさみしい
残りの時間へっていくような
また会おう
ごはんでも食べよう

#C

カレーをつくりつつ、ふと

稼ぐことの意味って？　それが反映される食卓って？　困惑の無限ループは今日もつづく

カレーづくりについて、「慣れ」という名のおごりが出ていて、どうもダメな仕上がりがつづいていた。んで、市販のルー、その箱の裏に表記してあるとーりの材料と分量できっちりつくってみました。

息子たちから歓声があがりました。

「どうしたの？　今日、すっごくおいしいよ!!」

やっぱりメーカーの研究室で、プロたちが時間をかけてつくりあげた「商品」というのは、すばらちいね！　そして日本の家庭カレーは、市販ルーのカレーこそがカレーなので、これでいいのだ！

おでんは、セブンイレブンのが、ほんとにおいしいんだよねー。

ううむ。

セブンイレブンの研究室でも、ほんとうにみなさん知と汗を集結して、おいしいおでんづくりに取りくんでいるわけで。

60年代の高度成長の前までは、農業や漁業というような第一次産業に家族全部が従事していたから、女性の社会進出とかなんとかいう前におかあさんも働いていた（裏の畑や浜に出て）。

わたしが生まれた高度成長のころ、おとうさんたちとおかあさんたちの分業がなされ、おとうさんたちは会社に行ってしまうので、おかあさんたちが家でごはんをつくるようになった。

そうしたら、やはりおとうさんがお家近辺にいない分、おかあさんはいそがしいので、おとうさんたちが研究室で開発して工場でつくった食品を便利に利用するようになったのです。

大きな意味での「夫婦愛」。

いや、そこに安住するのは、添加物とか、農薬とか、なんとかかんとかの問題が出てきて限界はあるんだろうけど。

少なくとも、外で働いてあんまり家に帰ってこないおとうさんは、冷凍食品ばかりが食卓に並ぶ、とか、子どもにマグドナルドのハンバーガーばっか食わせてんじゃない！ とか頭ごなしに怒ってはいけない。

自分が外に仕事に出かけて、この国の「経済活動」をになっているというのは、どういう意味があることなのか。すこしでも考えれば「半調理品の商品と化した食べ物」に家庭の食卓が侵食されていくことは、自然とあたりまえのことということに気がついてほしい。

たとえば、いわゆる安全でまっとうに思える食品や食材は、単価がとても高く、それこそたくさん稼いでこなくては、手に入れることができない。けれど安全な食品や食材を手に入れるために、必死で働くことが、安全な食材を希少にしている原因でもあるわけで。

いつもこの問題は、本末転倒をくりかえし無限につづいて疲れを倍増させるのよ。

市販の食べ物に歓声をあげられても傷つかない程度に、わたしは子どもの飯準備のプロではあるけれど、トースト焼いて、マーガリン塗って渡すだけで「おかあさん、つくってくれてありがとう」という末っ子の声に違和感を感じる古い女でもあるのです。

さて、カレーが煮えました。

どこかの研究室でどこかのおとうさんたちが「これでバッチリ！」と開発してくれたすばらしいルー（セールでたったの１７８円）のおかげで、このうえなくおいしいカレーがお家で簡単に食べられます。

それがありがたいことには変わりなし!!

#0

牛乳とあずき

思い出かさなる優秀おやつは オトナの女の知恵の味

寒天を鍋でとかし、砂糖と牛乳を入れて弁当箱で固める牛乳かんの一番古い記憶は、父親が痔の手術で入院している枕元に、母親が差し入れた手づくりのそれだった。病院ではもちろん三度三度の食事が出るし、昭和30年代の田舎町でそれらしい見舞い品など売っているはずもなく、なにより母は自分で自由になるお金というものをほとんど持っていない。祖父母と父の妹弟との同居の台所で、喉越しのいいものをとこっそりつくって持っていったのだろう。わたしはたぶんまだ就学前で、病院の白黒テレビに映るアニメ「リボンの騎士」をものめずらしい気持ちで観てたという記憶がある。その時間帯は祖父母が別の番組を観ていたから。

弁当箱のふたをあけ、ぶるぶると固まる白い塊を、たぶん父親は「なっちゃん、食べなよ」とすすめてくれたのだろうけど、それを食べたかどうかの記憶がない。牛乳かんはわたしのなかで、ずっとほんの少しの甘味もない、ひっそりとした愛情の証のような食べ物だった。

水ようかんは、小中学生のときに自分で頻繁につくったおやつだ。

これもまた鍋で寒天を煮て、あずきかんを混ぜこみ、ホーローのバットで冷やすだけの簡単なおやつ。バットにかけたラップに水滴がついてめくるときに気をつけないと、あたりがびしょびしょになる。これは同居していた父方の祖母がつくりかたを教えてくれて、2回目からはわたしの担当になった。

それにしてもこの祖母の根気良さと放任ぶりはすさまじかった。

小学生のわたしが台所にあるどんな材料でどんなものをつくっても、まったく我関せずで黙認していた。野菜などかなりひどい皮のむき方だったろうし、フライものの粉や油の始末など、むちゃくちゃやっていたと思うのだが、彼女は黙って見ているだけで、うるさくしかったり注意することはなく、むしろ「おでんはあなたの味つけが好きだから、これからもずっと頼むね」など、のせ上手であったのだ。

手づくりの水羊羹は、わたしにとって寛容と放任の記憶がする食べ物だった。

ひとつの台所で、ひとつの袋に入った寒天を分け合い、さみしい牛乳かんと緩い水ようかんをつくり分けていた、母と姑。

そしてそれまでバラバラだったふたつの味の記憶が、29歳の誕生日に偶然ひとつになった。

それが「牛乳あずきかん」だ。

その日、雑誌の取材で料理研究家の先生のお宅を訪れていたわたしは、メイン料理の餃子がじゅうじゅう焼けていくテーブルで、「今日、わたし誕生日なんですよ。偶然こんなおいしい取材でラッキーです」と先生に感激のことばを述べた（そのころは絵に描いたような独身仕事女で、都心のワンルームの冷蔵庫にはビールと焼酎とチーズしか入っていなかった）。

そのとたん先生は、ええっ！　と飛び上がって台所に引っこむと3分で戻ってきて、餃子の撮影と試食があらかた終わ

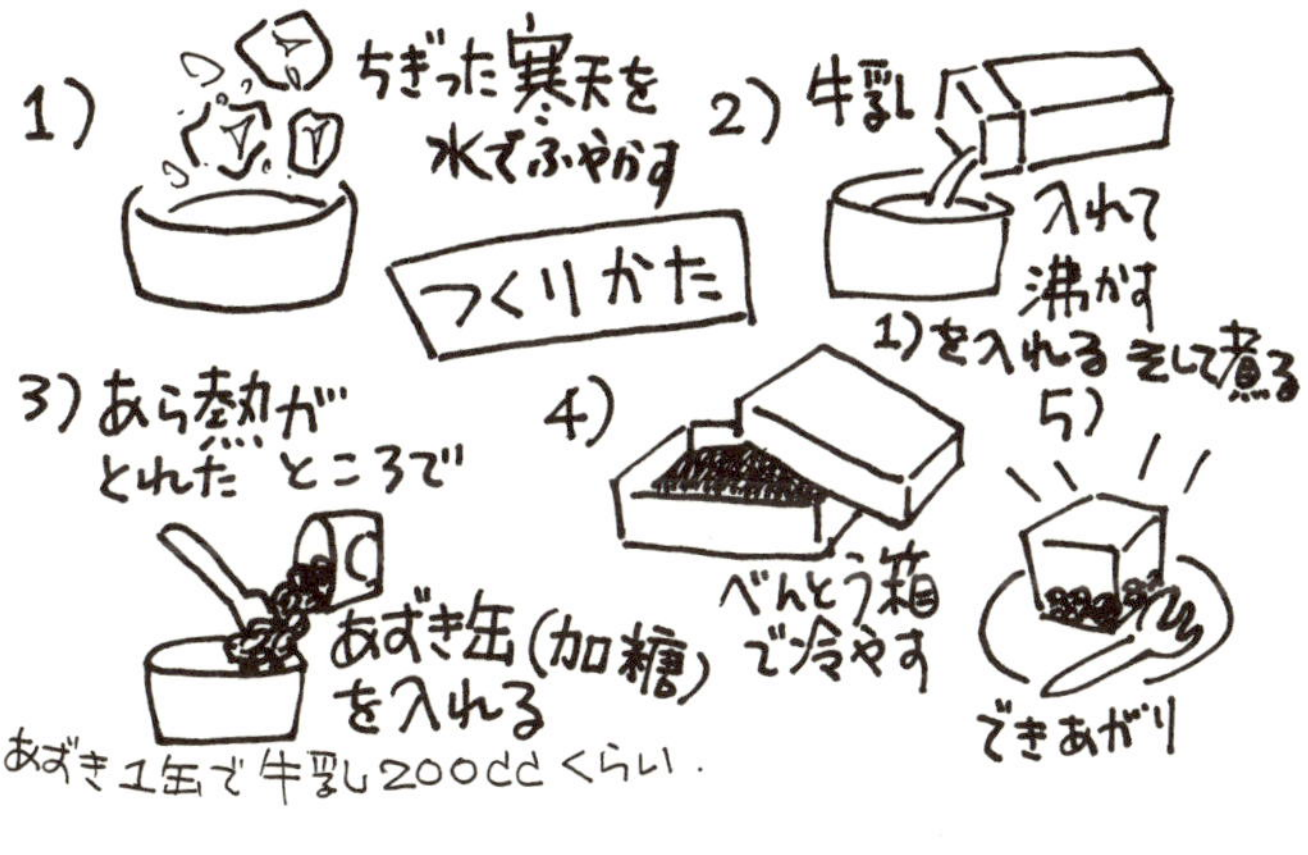
つくりかた
1) ちぎった寒天を水でふやかす
2) 牛乳入れて沸かす
1)を入れる そして煮る
3) あら熱がとれたところで
あずき缶（加糖）を入れる
4) べんとう箱で冷やす
5) できあがり
あずき1缶で牛乳200cc くらい

ったころ、台所から火のついた瀟洒なキャンドルの立った四角いお菓子を持ってあらわれる。

「だめよう～、誕生日の人は事前にちゃんといわないと！　急だからこんなもんしかできなかったわー」

と、わたしの前にキャンドルのささったデザートのお皿を置く。

「ええっ、さっきの3分でこれを!?」

カメラマンさんが「写真撮ってあげるよ」と声をかけてくれて、29歳の誕生日の夜をそこに居あわせたみんなに祝ってもらった。

先生が3分でつくったお菓子は、牛乳かんのなかにあずきが混ぜこまれ、比重の差できれいな2色に仕上がる「牛乳あずきかん」だった。

鍋で寒天をとかし、牛乳とあずきかんを入れてぐるぐるして、弁当箱に流して固める。甘味はあずきかんに入っている糖分だけのシンプルなおやつだ。

なんだか感動してそれから何度もつくった。牛乳かんでも、水ようかんでも満たされる感じのなかった気持ちが「牛乳あずきかん」でやっと気持ちが治まった感じだ。

わたしにとって、このおやつは「かしこいオトナの女の知恵」の味がする。

食物繊維とカルシウム満タンの優秀おやつ。

#0

太巻き修行

身も心も海苔巻きも太く だってオトナの女なんですもん

巻き寿司をきれいに巻けないまま50代になるわけにはいかないわ！

これは日本女性として当たり前の気持ちであり、感覚だと思うのです。

ツヤツヤの酢飯によく味のしみた具をのせて、パリパリの海苔できりりと巻く。ひと口大に切り分けられた切り口はどこまでもすっぱりとしていて、口に入れると酢飯と具と海苔がほどよくばらけながら、味だけは渾然一体としたハーモニーをかもし出す。なんてすばらしい食べ物なのでしょう。

いっぺんにはムリかもしれない巻き寿司修行、段階を追ってひとつずつクリアしていく必要がありましょう。

まず酢めし。これは合わせ酢がむずかしい。砂糖や塩や出汁などの分量を工夫して、おいしい味になったかな？　と思っても、その日炊いたごはんの分量にちょっと足りなかったり、多すぎたりでなかなかピタリと「良し！」という出来になりません。酢めしづくりのむずかしさを考えると「寿司もの献立」に二の足を踏む自分がいたのですが、いいものがあるね、それが「すし酢」。最初からおいしい合わせ酢になって瓶に詰められているの。

なんでこれをもっと早く使わなかったの？　炊き上がったごはんを飯台にあけて、瓶ごと目分量ですし酢をふりかけながら、冷まし混ぜるだけ。これで酢めしはクリア。お刺身買ってくれば即、鉄火丼できるし、野沢菜で巻いてもいけるし、酢めしに悩む人は「すし酢」をぜひ！

次は具。これも最近は味付けして煮たかんぴょうや厚焼きたまごやうなぎの蒲焼きなどいくらでも手間いらず素材が手に入ります。目的は「きれいに巻ける技」であって、具の出来はメーカーにゆだねてもいいではないですか。やー、簡単です。パックから出してきれいに切りそろえる。きゅうりとか、みつばなんかもいいですね。おっと、さくらでんぶも入れましょう。

さて海苔と巻き簾も用意して、いざ！

初心者はどうしてもごはんの分量が多くなる。海苔の上にごはんを薄く広げられない。酢めしがパラリとしながら適度に米の粘りを発揮しないと、ごわんごわんのおむすび巻きか、ボソボソの乱れ巻きになってしまう。

1回目の挑戦は失敗。

味はいいけれど、しゃっきりいい具合に巻けましたナ、と自分に声をかけることができない。お皿の上を巨大な米ソーセージがでろんとしています。ううっ。

しかし息子どもは、「かあちゃんが巻いたの？　へえ〜」なんていいながら、あっという間に腹におさめてしまいました。というわけで、形状の失敗は確認できましたが、味の確認はしておりません。

涙を拭いて2回目の挑戦。

いきなり太巻きは無謀だったかもという反省から、細巻きにチャレンジしてみることに。細巻きはこころもとないほど海苔に乗せる酢めしが少ないような気がします。練習なのでカッパ巻き。きゅうりをのせてくるんと巻き簾で巻いていくと、おお！　太いところと細いところの差がまだあるけれど、太巻きのときより、ちゃんと巻けている感じ。

要は酢めしをどれだけ均一に海苔にのせることができるのかにかかっている！　とコツを見切り、次々と合計８本巻きました。

ああ、いい練習をした！　とほれぼれしていたのですが、「なんで？　なんできゅうりだけなの？」「かんぴょうは？」「ほかのも巻いてよ！」「梅きゅうなら梅干しあるからできたんじゃない？」

ガキども、うるせー!!

さらに３回目は中巻きに挑戦。

うるさい感想はもういらない。ひたすら自主練あるのみ！　ということで、３回目は自分のお昼ごはん用に巻きました。具は塩辛と大根千切りとか、しじみの佃煮と大根千切りとか、キムチと大根千切りとか、ようするに具のメインが大根の千切りなんですが、この時点でかなり楽しくなってきました。なんででしょう、ひとことでいえばおにぎりよりも手順がメカニック？　切り口から具の中味が見えていろいろ楽しい気持ちがするとか、巻き簾の魔力とでもいうのでしょうか、まだまだぜんぜんうまく巻けないんですが、50代になるまであと数年あるので、コツコツいろいろ巻いて技能をあげていきたいと思います。

3章◎ハレの日めし

#01

男だらけのひな祭り

母の女性ホルモン活性化のため きっちり祝わせてもらいます

これは、3人の男兄弟に対するいやがらせの記録である。

近所に女の子3人姉妹のおうちがあって、一度だけ遊びに寄らせてもらったことがある。同じくらいの規模のマンション住まいで、おうちがお仕事場も兼ねていて、それなりの共通項があるのだけど、同じ年頃の子ども3人が、男か女かで、こんなにも違うものかと愕然とした。

ピンクなのだ。

女の子が3人育つ家は、持ち物のピンク度が高く、ひたすらピンク。玄関開けて靴がピンク、コート掛けの傘と雨具とカバンがピンク。スリッパとウォールポケット、メモ帳と学用品、タオルとぬいぐるみ、洗濯の途中でごめんね～とベランダでひるがえるシャツ、短パン、靴下……。

ピンクだ！

なにもかもが、青くて黒い我が家の様相とは全然違う。ピンクという色、男子は絶対使わない。男の持ち物にとって、ピンクというのは男としてのアイデンティティの崩壊を意味しているのかのごとく、ありえなかったりする。

女の子のいるうちは、意識してピンクのお部屋にしましょ、とは絶対に思っていない。壁も床も家具もオーソドックスなクリーム色や茶系でそろえてある。自然に集まってくるさまざまな持ち物だけで、見事に部屋のなかがお花見シーズンのように桃色にけぶってみえるのだ。

のほほんと青黒グッズに囲まれて、砂埃だらけで生活しているわたしも、さすがにこのときだけは、このままではいかん！　とコブシを握った。なんでも男の子を育てている母親のほうが、女の子を育てている母親より平均寿命が短いという説がある。

確かにこんなにぼろぼろざくざくのなかで暮らしていたら、のびる寿命ものびない。信憑性の高いところでは、色がホルモンに与える影響である。ピンクという色は、女性ホルモンを活性化させる。事実産院などでは、産後の体の回復とお乳の出とストレスの軽減のために、診察室や入院室など病院内のインテリアをピンクでまとめているところもあるほどだ。

「女の子3人の母は、ピンクにけぶるグッズに囲まれて、女性ホルモンもいっぱい出て更年期障害に見舞われるのも遅く、見舞われても軽く済み、したがって長生きもする」

一気にここまで妄想して、ぎりぎりと歯噛みをするわたし。

そんなわけで、わが身の健康と長生きと女性ホルモンのためにきっちり祝わせてもらうぜ、「ひな祭り」。

ピンク色のテーブルクロスを敷いて、ちらし寿司をまずつくる。迷うことなく市販のちらし寿司の素だ。白ゴマや貝柱の缶詰めを

ほぐしていれてもうまい。あとは、ころころとサイコロ切りにしたきゅうりと卵焼きとマグロの赤身をのせて、桜でんぷんときざみ海苔をトッピング。

子どもでもできますね、偉大だな市販のちらし寿司の素。

そしてはまぐりの潮汁と菜の花のおひたしを添えよう。はまぐりはパカッとひらくと貝殻の中身があわーいピンク。菜の花の黄緑は、ピンク色を引き立てる。甘酒、ひなあられもセッティング、恥ずかしいほどかわいい！

最初の年は、「おれたち男じゃん！」とピンク色のテーブルを見て、愕然としていたね。わはははは!!

うちのまわりは天候の具合がどうかする年には、桜とつつじとハナミズキが同じ場所に一度に咲くようなゴージャスな景観地なので、ここに住んでいる限りは、男の子3人と一緒でも長生きできるかなあとか思うのだ。

いや、思いたい。

寒天が熱々のうちにあずきを入れたので、2色分離しなかったけど、ほのかな甘味は変わらない。失敗ゼロデザート（『牛乳とあずき』→P73）

表面がカリッと中味はトロッと、たこの代わりにウインナーやベーコン入れてもおいしい。デザートにコロコロホットケーキも焼こう（『ふぞろいのたこ焼きたち』→P33）

鍋が余分な水分を吸ってくれるので、おひつに移す手間いらずでツヤツヤごはん。食卓の上にドンと置いても気になりません（『土鍋ごはんでほっこり』→P38）

この日だけは、お菓子もインポートものをムード重視のパッケージ買い。味はこの次だけど、それもいいんじゃない？（『ハロウィンも使いよう』→P107）

小さめに包むと、家庭のガスレンジの火力でも失敗なく焼ける。わぁ、どんどん焼かないと間に合わないよ！（『餃子をおなかいっぱい』→P53）

にんじんごはんには海苔の味がよく合うので、おにぎりにしてみました。にんじんが多くて崩れやすいので、自宅テーブルで食べる用です（『にんじんごはん』→P56）

イヴの夜が暖かった年は、ベランダのテーブルに一瞬ツリーを出してみました。北国育ちの自分にはかなり新鮮（『いつかサンタになりたくて』→P97）

#02

年越し年明け

1年のひと区切り、おいしいもの食べよう そしてまた1年よろしくね

年越しとお正月に食べるべきものが毎年決まっていて、それを食べることができるというのははなかなか幸福な暮らしだと信じている。日本民話のなかでは「笠地蔵」が一番泣けるわ、大晦日の夜、ホーイホーイと地蔵の行列がじいさんとばあさんの家の戸口に年越しの餅や野菜を運びこむところ。

地蔵が列をつくるのに、必要なのは365日正直にまめに働き生きること、というわけで1年の区切りに、おいしいものを食べます。

子どものころ、おおみそかの夜は、年越しのおそばとお正月のために煮た大量の煮物。白いごはんは3日の夜に塩鮭の切り身と出てくるまでもうなくて、ひたすら餅を朝は雑煮、日中は焼いて食べまくってました。

そんな子ども時代のくりかえしと、オトナになって子どもたち連れて実母の家で年越しするようになってからのくりかえしがミックスされて、いまのところわたしが子どもたちのために大晦日の夕飯として準備するのは、スキヤキです。

肉さえ普段よりすこしいいものを買っておけば、準備が簡単だし、満足度もでかい。財布的にも大晦日のスキヤキはうまいことといってるんじゃないだろうか。おそばは1~2人前を4人で分ける感じで、一口ずつでじゅうぶん。あとはくだものをむいたり、おせんべやお茶でほのぼの過ごします。

明けてお正月は、口取りのお皿とお雑煮と煮物。

いわゆるおせちをつくるというのは、ほとんどやりません。口取りは紅白かまぼこ、伊達巻、昆布巻き、ごまめ、きんとん。それに数の子とか黒豆がつくくらいかな。黒豆とごまめ以外は市販のものをパックから出して切って並べるだけなので簡単すぎです。黒豆は近所に住む姉に煮てもらっているのでもっと簡単なんですが。

筑前煮は、わりとちゃんとつくります。正月の野菜不足解消はこの煮物にすべてかかっているので、大きい鍋にだーん！　とつくって、煮返しながらどんぶりやお重に入れて食卓にいつも出ているようにしておきます。

お雑煮は、東京育ちの母方の祖母のつくり方を素直に、四角のお餅を網で焼き、鰹節出汁のすまし汁に鶏肉と小松菜とナルトを入れて焼いた餅の上から注ぐというタイプ。なぜか母と姉は餅を焼かず、別鍋で茹でて出汁をはっていたので、このつくり方引き継いだのはわたしだけですね。

子どものころ過ごした父方の家の味は、当時、そばと雑煮に興味がなく記憶がありません。なんとなく「喉をとおりづらい」という違和感を感じ、自分だけうどんにしてもらったり、お雑煮は

元旦に餅一個だけ「つきあいで食う」という調子だったです。そのかわり筑前煮は、父方の家の味をそのまま引き継いでいます。鶏肉ではなく豚バラを使う、ナルトを入れるなど、甘味が強くておいしく感じます。

男の子どもだけの年越しとお節は、年々くりきんとんや白いんげん豆や飾り羊羹など甘いメニューが不要になってきて、ハムや焼き豚を要求されるようになりますよー。

が、それだと普通の日と変わらないのでおもしろくもなんともないです。

どうやら子どもって特別な日の演出は好きですが、口に入るものは日常の慣れたものが好きみたい。わたしの子ども時代の「喉とおりづらい」という違和感もそこらへんが理由だったのかもしれません。

#03

まついさんちの鍋・釜・食器

少なく持って後片づけをラクチンに

最近の家電壊れやすい！　掃除機と炊飯器は、すでに新しい商品を買うのあきらめて、ほうきと土鍋暮らし、快適です。
　掃除機はさー、8万近くしたのに、半年ともたなかったの。なんか発砲スチロールの屑をいきなり掃除機で吸いまくったらしい（息子のうちの誰かが）。詰まって、これ以上は分解しようがない！　というところまで分解したり、針金曲げて詰まりを取

ろうとしたりしているうちになかの部品がわきっ！　ともげてそれきりだ。ほうきとちりとりと雑巾で、お茶ガラや濡れた新聞紙ちぎって掃除させてます。なんかよっぽどきれいになるよ。うち、室内に砂ボコリたっているような家だから。

で、炊飯器はフタ、フタが閉まらなくなる、いつも。がばがばになってガムテープで閉じてつかうんだけど、やっぱりだめで、あとデザインがサイアクで、こんなもんおきたくないよ（涙）って感じのしかないから、思い切って土鍋にした。

これがとにかくイイ！

電気炊飯器のフタや、パーツをふいたりするのが嫌いなの。すごく汚れるでしょ、炊飯器って米の蒸気で。

炊飯用の土鍋って全部丸洗いできます。ふっくら炊けます。火加減必要ありません。たまにはおこげもおいしいです。10分炊いて10分強蒸らす。20分強で炊きたてごはん。

電気釜だと小1時間かかっていたので、むしろ時間短縮。ガス台ひとつふさがるけど、蒸らしの10分あれば、おかず一品と味噌汁つくるのにはじゅうぶんだしね。

とにかくめんどうが嫌いなので、鍋・食器の数少ないですよ。

食器も、土ものの和食器にはあこがれますが、オトナのお客は呼ばないし、子ども仕様ということで、軽くて薄いコレール製を中心に、通販のおまけやコンビニやパン屋さんの景品が中心です。

食器は消耗品と割り切って惜しげなく使うほうがわたしには合っているみたい。食器棚に収まった物も2年も出番がないなと感じたら、すぐに処分します。愛着しそうなものは持たないんですね。実用的で愛着できるかどうかは、一緒に暮らしてみないとわからない。意外となんじゃこりゃ？　と家に来たものが大活躍で、同じものを数そろえたい！　と身もだえすることもあるしね。

食器棚も、整理ダンスを代用しています。引き出しにすると小さい子どもでも出し入れがラクだから、お手伝いも頼みやすいのです。

← 和食器
魚もよう 好き
ベトナム食器も
安くてかわいい

目盛り付 →
ステンレスボウス
いろいろな分量を
計るのです

← コレールの食器
子ども食器に
おすすめ

鍋置きタワー♪
ボウルもザルも
ここに置け
る分だけ
でヨイ

「狩り部」とはなにか？
土の匂いを嗅ぎ大地の
恵みに勝負を挑む。台
所に疲れたあなたは、
ぜひ「狩り部」に（『狩り
部の日々』→P100）

いもを3種類、一度に蒸しあげるのってゴージャス！
味は塩でもマヨネーズでもマーガリンでもお好みで。秋
の、とある日のお楽しみ（『いも！ イモ！ 芋』→P124）

ココアを使った素朴なケーキ。市販本レシピの分
量通り誠実に混ぜれば失敗ありません。切り方は
失敗しても（『甘い空気のココアケーキ』→P128）

味はフルーツジャムなので、どんなくだものでも合う
と思うよ。部屋中をいい匂いで満たしてつくる、幸せ
満喫の一品（『フルーツホットケーキ』→P142）

#0

いつかサンタになりたくて

クリスマスって、いいよね
オトナはみんな、誰かのサンタ

クリスマスは、意匠がすきです。ツリーとか、トナカイとか、雪の結晶とかクリスマスをイメージしたデザインは、ほんとにすきだから、12月に入ったらもうツリーを出して、クリスマスの飾りつけをしたい。そのためだけに家庭を持った！　といっても過言ではない！　というくらい、クリスマスの飾りには「幸福な居場所」のイメージが一緒に刷りこまれています。

そして当日は家でラクチンに過ごしたい。家族とお家ディナーの後、テレビ観たりトランプしたり、のんびりと。ケーキももちろん食べますよ。

子どもたちのプレゼントは、ちゃんと枕元に置きます。わたし自身の楽しみとしてですね。3つ買って、寝静まった枕元にそれぞれ置いていく。

わたし自身は、生まれてこのかたサンタを信じたことはありません。

子どものころのクリスマスは、おじさんやおばさんに町に連れ出され、すきなものを買ってもらう、酒屋の父親が、店からアイスクリームのケーキを持ち帰る。東京の祖母からは、東京のデパートでしか買えない輸入ものの人形のお道具（リカちゃんハウスは子どもっぽかった）が届き、やたら手のこんだ手編みセーターを兄弟おそろいで、母に着せてもらう。

はっきりいって、サンタなどというよそのおっさんがつけ入るスキがなかったですよ。

子どものころ、周囲のオトナたちにほんとうに愛されて大事にされて、安心して生きていたので、わたしも大きくなったら、誰かを安心させられるような人になろう、つまりオトナは誰でもひとりひとり誰かしらのサンタであるように思うのです。

普通に生きていればそうなって、子どもたちは、みんな安全に生きていけるはずなんです。

いつも悪意やいらだちは、弱いもの、小さいものに向けてしわよせていくでしょう。

まったく知らない、ちょっとすれちがった人にもわたしは「気分の良さ」というものをプレゼントできているのかな？　誰かの悪意やいらだちを、自分は防波堤のように受け止めて、波に散らすってことができているのかな？

子どもを生んで人の親になってからのクリスマスは、毎年そういうことを反省する夜でもあります。

わりあいマジメですね、わたしって。

＃05

狩り部の日々

「食べること」に元気がなくなってきたら本能がたぎる「桃狩り」にゴー

一番上の子が1歳のときに、山梨へ桃狩りに行った。なんとか立ち上がり歩き始めたころ、甘い香りに満ちた桃の木の根元をぐるぐるまわり、農園のおじさんが選んだ採りたての桃にかぶりついていた姿が忘れられない。

ということが理由のすべてではないが、平日の道が混んでいない桃シーズンの初夏の日に、平日とか休日とかあんまり関係ないよ！　という同業系の友人と「狩り部」を結成して出かけてきました。

レンタカーを1台借りて、ひゃっほう！　と乗りこむ6人。目的は「桃」「ワイン」「ほうとう」「あじさい」「ブルーベリー」「こうもり穴」。

桃食う姿勢
汁がおちるので
前かがみ

「あじさい」は狩っても食えないし、「こうもり穴」はもぐってみるだけですが。

その日一番の目的は「桃狩り」。1200円の入園料をはらえば、時間内食べ放題。人はいったい一度にいくつの桃を食べることが可能なのだろうか？　という疑問が頭のなかを駆けめぐる。

いや、値段より「狩り」だ。木から直接、一番おいしい桃を狩るのはワタシ！　ぎらぎらの目で、桃の実る枝を見上げ、高枝切りはさみ状の桃取り器で、そっとつかんでぎゅっとひねり取る。赤いだけでもダメ、大きいだけでもダメ、甘い桃のコツを案内のおじさんにレクチャーしてもらい、究極の一個を口に入れるのだ。

……ちょっと失敗、でももう一個……。

つぎはおいしいぃぃぃぃぃぃぃぃぃッ!!　デパートで1個1000円の味です、これ（最初のはスーパーで2個580円の味）。

はっ、と気がつけば「狩り部」のメンバー、みんな「自分なりの究極の一個」を左手に持ち、包丁を右手に持って、だらだら流れ落ちる汁が服を濡らさないように、前かがみになって食っている……とてもヘンだ。カッコがへんだ。

なんだかんだでワタシは、3個半食べました。もう一個食べたいけれど、おなかいっぱ

いという子と、最後は半分こで食べたのだ。

それにしても、真っ黒な土のなかから木が伸びて、葉が茂り、ピンクの実がついて、それが甘くてみずみずしくておいしい、というのがほんとうに不思議。

食べること、食べさせることに元気がなくなってきたときは、狩り部の活動がほんとうに効力を発揮すると思う。

あれこれへたくそな味つけで献立にバリエーションをつける、盛りつけに工夫しなきゃと小手先に追い詰められていって「食べること」「食べさせること」がつまらなくなっているんだなーと気づかされる。

感謝して、そのまま皮をむいて熱を通すものは熱を通して、塩振って食べればいいんじゃないかと。

自分が小さいころは、簡単な家庭菜園があって、とうきびや枝豆やトマトで毎日「狩り部」活動していたような気がするのに、都会でパックに包まれた食材を買い物カゴに放りこみつづけているうちに、そのへんがよくわからなくなってしまっていた。

たったひとつの桃の実は、自然の奇跡と農家の人の労力でできあがっているから、もう自分がごちゃごちゃと手を加える必要はないのだ。

すこし高くても地場のきちんとした素材を買いたい。さっと茹でるだけ、煮るだけ、塩をふるだけ、しょうゆをかけまわすだけで、毎日ちゃんとおいしいという事実を忘れないようにすれば、台所を預かることはめんどうなことではないんだと思う。

くりかえそう。増えすぎた素材と調理法とメニューに疲れたら「狩り部」に限るよ。

灰色指の女
植物なにもかも
枯らせてしまうので
家庭菜園はムリだ…
カメは大きくなるのに…

#06

豚汁ライフ

ごぼう、にんじん、大根、玉ねぎ
子どもたちはみんなおかわり

野菜不足は、スープで取るに限る。

で、一番多くつくるスープが、わたしの家の場合、豚汁だ。夏でも冬でもほんとうによくつくる。大きな鍋にありったけの種類の野菜を煮えにくいものから順々に放りこみ、みそとしょうゆと塩で味をつける。ちょっとだけお砂糖を入れると、ぐっといい味になる。

豚汁に入れるものは、ごぼう、にんじん、大根、たまねぎ、こんにゃく、えのき、しいたけ、豚バラ、さといもorじゃがいも、豆腐。以上がまついさん家のオールスターだけど、ひとつふたつ足りなくてもつくる。豚バラなくて野菜だけの豚抜き汁というときもある。

豚汁に
不可欠なのは
ごぼう
豚《トン》より
大事かもっ

ごぼうとこんにゃくは入れないとさみしいけどね。

きざんだねぎやしょうがをトッピングしたり、冬の朝ごはんには、土鍋に移して、すいとん入れたりするのも、よくやる。

すいとんはねー、つくり方もクソもないよ。小麦粉にお水入れて、かきまわして、煮立った汁のなかに順番に落としていくだけ。なかまで火が通ったらできあがり。すぐできます。いろんな野菜の汁をたっぷり吸ったすいとんは、冬のごちそうです。

子どもたちは何杯もおかわりするし、2〜3日つづいても気にしないし、野菜たっぷり！　という気持ちが満足するし、おすすめですよ、豚汁ライフ。

すいとん鍋も
豚汁ベースにすると
あっという間!!
すいとんは
ぐちゃぐちゃの形の方が
味がよく染みます

で、豚汁に合うのは、塩のおにぎりとか、ちょっとあぶって焦げ目のついた焼き魚系のおかず。

夕暮れの帰り道、どこかの家の台所や換気扇から流れてくる焼き魚の匂いは、季節ごとの空気の匂いとブレンドされて幸せな気分を運んでくれる。お家でつくった湯気のかたまりみたいな豚汁に焼き魚はよく合うのです。

今日はししゃもを、ベランダで焼いてみました。ボンベ式のカセットコンロにフライパン。ししゃもはすぐに火が通る。香ばしさと外の空気と混じった匂い。春先のお昼、秋冬の夕方、夏の遅い朝ごはん、晴れても、雨でも、曇りでも、外の空気と一緒だと、ちっぽけなししゃもも１００倍おいしい。

もっとなにか焼くものないかな？　と冷蔵庫のなかを探してみる。油揚げ、ウィンナー、アスパラ（レンジで軽くチンしておく）……いっそ炭火の七輪が欲しいなあ……なんて。さすがにマンションのベランダではムリか。

#0

ハロウィンも使いよう

子ども集めて、夕飯がお菓子の一日楽しいことは多いほうがいい

10月の終わりのハロウィンは、なかなかナイスな時期の輸入祭りだと思う。最初は保育園の同級生のおうちがマンション敷地でパーティをやるからと、誘われたんだった。秋の深まる夜道を歩いていくと、美しくデコレーションされたマンションのエントランスや駐車場に三々五々と近所の子連れが集まってきている。それから子どもたちは徒党を組んで、あらかじめOKが出ているマンションのおうちとオーナーさん宅を訪ね歩き、お菓子をもらう。あとはオーナーさんがお手製の温かいアップルタイザーをオトナにも子どもにも振舞ってくれる。近所の人の手づくりのケーキやチョコレートもまわってくる。なにをするでもない。夜の空気とお菓子で酔った子どもたちの笑顔がこぼれる時間。

トイレットペーパーのミイラ男
黒い服に白テープのガイコツ男

これがほんとのほんとにありがたかった。

単調な子どもとの暮らしのなかで自分にとっても大事なのが、このハレとケだ。夜に出かけて友だちと夜道でつるむ。ほんの30分くらいの「おあそび」で、夏祭りと夏休みを終えて、クリスマスや冬休みを待つ間の、行事のない2学期にどんなに息が抜けたことか。

　子どもたちは夏なら6時、冬なら5時には、遊んでいた友だちと別れを告げて自分の家に帰る、そしてごはんとおみそしるとおかずを食べる。

　でもこの日は、みんなで一緒に夜道を歩き、たくさんお菓子をもらって、お菓子を食べて、夜の商店街のあかりを見るのだ。

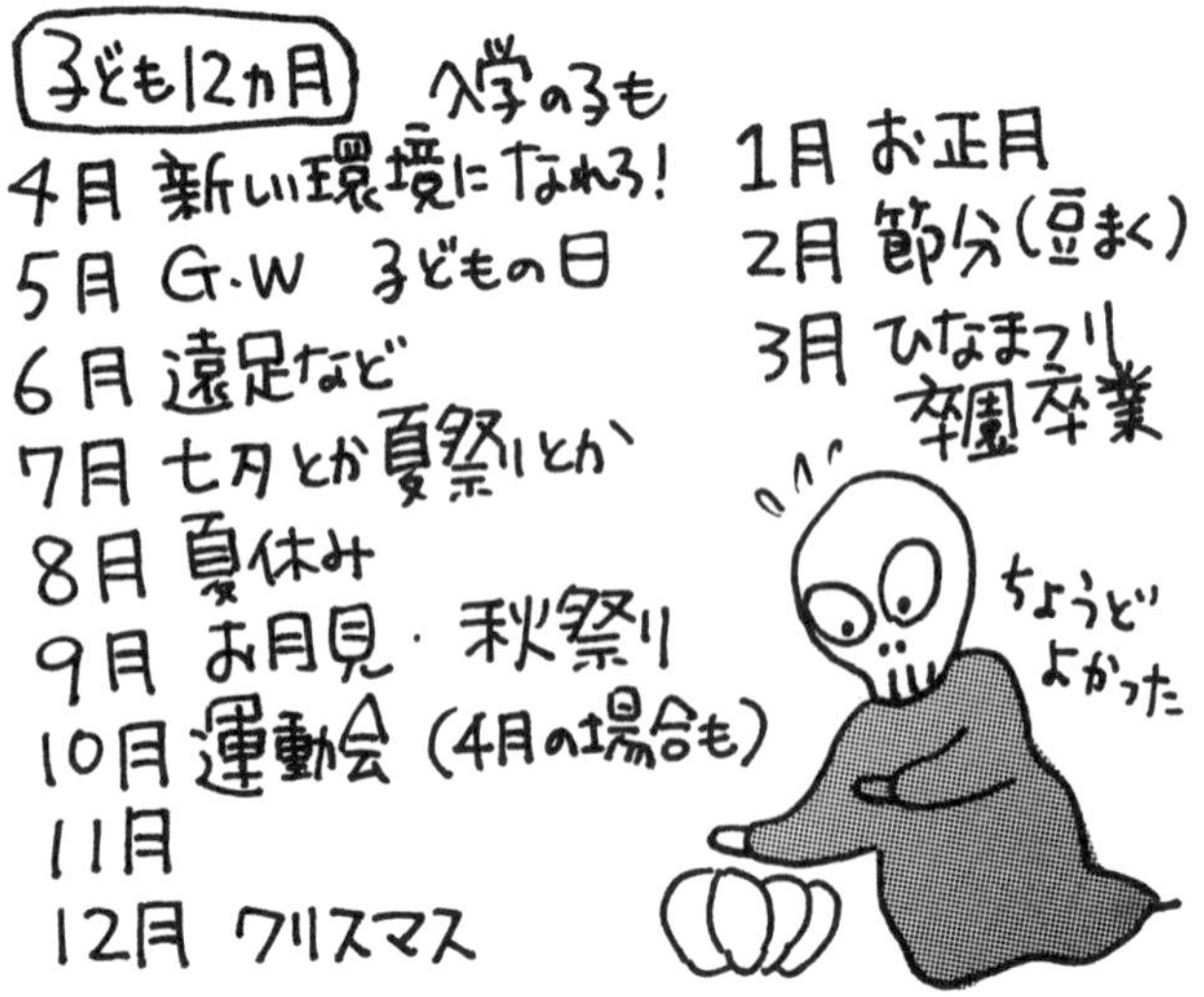
子ども12か月
入学の子も
4月 新しい環境になれろ!
5月 G.W 子どもの日
6月 遠足など
7月 七夕とか夏祭りとか
8月 夏休み
9月 お月見・秋祭り
10月 運動会（4月の場合も）
11月
12月 クリスマス
1月 お正月
2月 節分（豆まく）
3月 ひなまつり
卒園卒業
ちょうどよかった

楽しく参加させてもらった後、もっとたくさんの友だちにも参加してほしくなった。子どもたちも、だれだれちゃんもくればいいのに、と友だちの名前を数えている。でもねー、うちもおよばれの身、勝手にメンバー増やすわけには……というところで、そうだ！　うちでもやろ！　ということにした。つぎの年、いつもうちに遊びに来ている子たちに声かけて、「ハロウィンだから、うちにお菓子をもらいにおいで」と声かけてみた。何人かの子たちが集まってくれて、お菓子を受けとってくれた。だけどそれ以上のことは考えていなかったので、とっとと帰って家で夕飯食べなさいと追い返すという流れに。

そしたらさみしそうなのだ。

いつもうちにあがりこんで遊んでいる子たちだから。

そういうわけで、じゃあ夕飯はお菓子だよ、と言って、ピザを取って、焼きそばを焼いて、9時まで遊んでいいよ、ということにした。おうちの人には9時に迎えにきてくださいと、電話する。

これが子どもたちに大好評。

翌年はトーナメントのオセロ大会もすることに。なんだかんだで、1年生から6年生まで欠けなく全学年そろうのだ。15人くらいでお菓子を食べて、オセロ大会のハロウィン。

オセロは、学年が上の子が勝つとは決まっていなくて、2年生が5年生に勝ったり、兄弟対決になったり、弟の仇を兄が取ったり、とにかくめちゃくちゃ盛り上がる。みんな砂糖でハイになり、壁に貼ったトーナメント表を見つめている。

9時には迎えにきたおかあさんたちが、そこらへんで出会って立ち話している。もうすぐ本格的に冬がくるから、みんな早足で駆け抜ける夜の町の空気をオトナもひと息ほっと、吸いこんでいるのだろう。

どのおかあさんたちも「夕飯、お菓子なんですけどいいですか」というわたしの提案に「いやあ、お菓子なの？　すてき！」ととっても寛容だ。それで少しだけどね、と唐揚げやみかんや巻き寿司やクッキーを差し入れもくださる。こちらから歩いてピンポンしないでも、向こうからピンポンして持ってきてもらうという、ものぐさハロウィンだ。

結局このハロウィンは、3年間つづけた。
とても楽しい思い出だ。

#0

プロ野球の日

行事は楽しんだもん勝ちだ 食卓囲んでげらげら笑う

バレンタインデーやら孫の日やら、メーカーや業界の思惑で、いろんな行事があるわけですが、そういうのは、めいっぱい活用したいと思っています。

というのは、年中、献立づくりに困っているので。クリスマスなら、鳥肉とケーキ食わせておけば！　とか、冬至はかぼちゃを煮て、節分には太巻きをかぶるとかほんとに便利ですね、ということで活用したいのです。

で、2月5日は「プロ野球の日」です。

1936（昭和11）年のこの日、全日本職業野球連盟の結成によりプロ野球が誕生しました、とネットでみつけてしまいました。

「プロ野球の日」にふさわしい食べ物はなにか?

冷凍庫の中に、先週冷凍しておいたハンバーグをみつけてしまったので、ハンバーグでしょうか。ボールの縫い目のようにケチャップをたらし、そういうお絵かきごはんみたいなのが大っきらいな長男への嫌がらせもかねる……と。

ハンバーグ、ちょっと楕円だけど、猛スピードで飛んでいるところですよ!

「毎年かならずやっていたら、どこの家もそうなんだ、と思いこまないかなあ」

などという話を、友だちにしたら「オロナミンCつけろ」とアドバイスされました。あはは。

とにかく実行してみましょう。

まずオロナミンCに「わっ!」となって、野球ボール型のハンバーグを凝視。

つかみはオッケー!

いつもと違うぞ、なんだなんだ、どうしたんだという態勢にすぐなってくれました。オロナミンCが食卓のテーブルにあることなんて、絶対ない生活してますからね。友だちのアドバイス、ナイス！　と心で親指立てちゃいました。

「今日はね、プロ野球の日なんだよ」と説明を始めると、みんな神妙に由来など聞いて、「そうだったのかー」「しらなかったー」「去年まではなんでしらなかったんだろう」と、5年生の長男まで、一斉に口々に感心し始めました。

「ごめんね、あたしがうっかりなばっかりに去年まで肩身のせまい思いしたよね」と言ったら、3年生の次男が真剣に「へいきだから！」というので、もう笑いがこらえきれなくなって、

「よそでいうなよ」

？？？

「なんで？」

「うそだから」

そこで、長男がはっ！　となって、わたしと顔見合わせて息ができなくなるほど笑い始

める。
末っ子はぽかんとしている。
次男は「なんだー」と、にこにこしている。
ぎゃははは！
大成功でした！

ところでそのあとの年から、プロ野球の日を祝っていません。忘れちゃうんですね。2月5日。節分の太巻きみたいに、テレビでCMやってくれるといいんですが。ボール型ハンバーグとオロナミンCの。

2月の記念日.
12日ブラジャーの日
どういうメニューに
17日ツタンカーメン王発掘の日
どうしていいやら

4章◎お楽しみ台所

#01

地元でシュー！
眼力でゲットした幻のマンゴーシュー物語

次男の誕生日のケーキを買いにいつものケーキ屋さんに行きました。引っ越してきてから、誕生日もクリスマスもケーキはずーっとここ。だっておいしいから。

ホールのケーキを買うのはクリスマスのときだけで、誕生日のケーキはチョコレートのものを中心にピースで4個適当に選びます。そのとたんガラスケースのなかのひとつの物体に目が釘づけに。

初めて見るよ！　なにこれ？

ん、レジの横に「新発売」と書いてある。

マンゴーシュークリーム。

こげめがきれいについた硬めの皮から、オレンジに近い黄色のクリームが覗いてます。

食べたい！

しかし、定数のケーキはもう選ばれて箱のなか。

これだけ追加で？

イヤイヤ。

激しく葛藤。

そしたら、レジの横にいたおじさんが、「食べてみてよ」とひとつわたしに差し出した。

「なんか必死で見ているからさあ」笑ってる。

いや、すごく惹かれて。

「これね、すごくうまくできたの。昨日、小樽のケーキ職人につくり方教えて、さっき帰ってきたとこ。そう、北海道まで行ってきたんだよ」

おじさん、にこにこしております。

おじさん60過ぎているのにアクティブ！

「マンゴー食ったら、うまかったから、シュークリームにできないかと思ってさ」

で、できたんですね。

「そうなのよ」

おじさん、うれしそう。

食べました。硬めにさっくり焼いたシュー皮が甘酸っぱいのに濃厚なクリームとよく合って、口のなかで混ざり合います。シューがマンゴーのカタチにやや細長いので、クリームもはみでず食べやすい。つくるのと食べさせるのが大好きで、この土地で長くお店をやっているおじさんなのです。

それからお友だちへのちょっとした手みやげに、ここのマンゴーシュークリームは定番になりました。こんなにお菓子をつくることを愛しているパティシエのいるおじさんのお店のある町に住めて、マジ幸せ！　と思っていたのですが、なんとこのお店、つい先日、閉店してしまったのです。お知らせの貼り紙を呆然と見つめ、これから誕生日やクリスマスはどこでケーキを買えばいいのか、ことばを失いました。

こんなことならもっとたくさん買えばよかった。毎日1個、誰かに会う予定のある日はその人の分も。そのくらいおいしかったのです。おじさんのマンゴーシュー。

#0

燃えよ!!　鉄板魂

愛用のフライパン片手に　つくる屋台めし!!

夕飯は、広島風お好み焼きとじゃがバタだった。普通ならお昼ごはんとかおやつに出てくる組み合わせ。

もとはといえば、夕べ次男と三男が地元のお祭りに５００円ずつ握って出かけていって、じゃがバタが食べたかったのに、一皿４００円もする！　とこづかいが足りずに帰ってきたのが始まりです。

商店街で出している屋台なら１００円とか２００円でいろいろ食べられるので、ひとり５００円もあればじゅうぶんなんだけど、じゃがバタは本職のテキ屋のおじさんしか出店してなかったんだね。

食べられなかったことで、すっかり口がじゃがバタモードになっているふたりのために「じゃあ、明日つくるね」といいつつ、昼間は仕事に行っていたので、結局夕飯がじゃがバタになったのだ。

で、広島風お好み焼きについての動機も偶然同じ日に勃発。テレビのグルメ番組で、広島風お好み焼きが放映されていたのを食い入るようにみつめる長男の姿、「明日の晩飯、広島風お好み焼きがイイ！」。

普段なら「自分でつくれ」というところだけど、じゃがバタをつくるモードになっていたわたしのなかの「鉄板魂」にボッと青白いガスの種火がついたのであった。

わたしの「鉄板」は、いうまでもなくフライパン。

すでに興味は、ひっくりかえしながら重ねていくことでさまざまな材料が重なりまくっている広島風お好み焼きを、フライパンひとつでつくれるかどうかということに移っている（普段はホットプレートも使います）。

息子たちのリクエストより、自分の「鉄板魂」。

頼むぞ、愛用のフライパン！

まずじゃがいもをむいて電子レンジで加熱。熱したフライパンにマーガリンを多めに落とし、熱々のじゃがいもをソテーしていく。ほんのり焦げ目の一歩手前で食塩を少々ふり、できあがり！

よし、調子いいぞー！

で、つぎは広島風お好み焼き。まず、キャベツを刻んだり、材料の下ごしらえをすませる。で、焼きそばを炒めてソースを絡め別皿へ。小麦粉でつくった生地をフライパンに薄くひき、桜海老ととろろ昆布、刻んだキャベツともやし、天かすを散らして、生地にすこし水を加えてゆるくしたものをとろっとかけて、キャベツ&もやしを固める。豚バラを乗せて、ふたをして蒸らす。

広島風お好み焼き
⑦豚バラを一番下になるようにひっくりかえして焼く
⑥ふたをしてむらす
④生地を流してキャベツをくっつける
⑤豚バラ 天カスなど
③キャベツともやし
②桜海老ととろろ昆布
①小麦粉の生地
①〜⑤が焼けたらお皿に移す
⑧⑦をのせる
事前に焼いた焼きそば
たまごを焼く
⑨ソース・マヨーズをかける
わかります？

このときの火加減を間違えると生地が焦げるので、注意。

豚バラに8割火が通ったな、と思ったら、一気にひっくり返して、豚バラのじゅううううという音を聞く。これでもかこれでもかと鉄肌に押しつけて、キャベツ周辺の水分を抜いていくのだ。

で、別皿にフライパンの上のものをいったん移して、開いたフライパンに卵を割りいれ、スプーンを使って、みよーんと伸ばす。目玉焼きと卵焼きの中間みたいなのの半熟状態で別皿につくっておいた焼きそばをのせて、その上に、さっきの豚バラキャベツ&もやし、生地の順で重なった本体をどん！　と乗せて、かたちを整えてできあがり。

ああああっ、楽しかった！

で、どう？　味は？

……ダメでした。

屋台のじゃがバタは、仕上げに塩を大量投入するのですが、うちのヒマラヤ岩塩は、塩キャラとしてうすすぎのようでした。

広島風お好み焼きは、やきそば部分がやや冷めてのびていて、生地が焦げないことに注意をはらいすぎ、キャベツの水分がいまひとつ蒸発していないため、ぶわぶわでなにを食べているのかいまいちわからないという状態……。

広くて大きな鉄板は、周囲からもうまく水分を抜いて、全体的にカリッとさせて、味になじみをもたせつつ、全体どこを食べてもアッチッチッにするために重要な重要な要素を持った完璧な道具なんですね。

うう……わたしの「鉄板魂」。

はっ！　フライパンがふたつあればいいんじゃないの？（だからそれは、ホットプレートも使ってつくればいいのです、単に）

#03

いも！　イモ！　芋！

なんて贅沢！ 必殺・いも三種蒸し

さつまいもやじゃがいもを
サイコロ状に切って
レンジでチン!!の いもサラダ

子どものいる家庭のイモの消費量ったら、すごい。

なにはなくともイモをふかしておけば、まあすべてなんとかなりますよという勢い。衣かつぎという小さい里芋を茹でて、つるっと皮むいて、塩つけて食べるのもおいしい。じゃがいもはマーガリンのせて、さつまいもはそのまま塩ふって、長芋も輪切りにして焼いたり、素揚げにしたりでほんとよくイモ食べる。

十年以上前に叔母の家に行ったとき、豪華3点盛りというのが供された。

大きなざるに大量に盛りこまれたじゃがいもとさつまいもと里芋、どれもふくふくと湯気をたてている。

「おばさん、これすごいごちそうだ！」

あまりのインパクトに、どう感想を言っていいかわからない。

さてどれから食べる？　と、暖かい湯気の香りにつつまれて、でれでれ迷う。

「なにもないけれど、おいもだけ3種類あったのよ」叔母は、わたしの母親のねえさんで、笑うとしわの寄り方そっくり。声は母親よりすこし高いソプラノで、入院患者までいる個人医院をきりもりしながら、4人の子どもを育てあげた。

目のまわるようないそがしさのなかで、どうすればちょっとのことで気持ちが豊かになるのかを知っている。……おいもを3種類いっぺんに蒸しあげて、大喜びしない子どもは、うちの血筋の子じゃないね！

叔母のもてなしで覚えたこのワザ、わたしもめったにはやらない。

じゃがいもはじゃがいもだけ、さつまいもはさつまいものだけ、里芋は里芋だけというように、淡々と一種類ずつ蒸している。

そしていざ！　というときに、どかん！　と一発、いや三発、三種のイモで息子どものハナをあかすのさ。どうよ？

うわ、イモだね！

すごいね！

全部なの？

で、次男は気が小さいから、こそっと「こんなに全部やっちゃって大丈夫なの？」と耳元でささやいてくる。ふはは!! どうだ、贅沢だろー。

蒸すのは、とにかくたくさん一度にやって大丈夫。蒸して火のとおったイモ類は、いろんな料理に変化して2～3日はもつ。熱いうちにつぶしたり砕いたりしておけば、サラダにしたり、カレー粉とい炒めたひき肉とたまねぎと混ぜて餃子の皮でつつんでサモサ風とか、さつまいもは甘みをいかして、ホットケーキの素と混ぜて焼いてデザート風にするとか、もちろん味噌汁の具にもいいし、里芋やさつまいもは、網で表面あぶって、またそのまま食べたりもおいしいんだよね、つぎの日に。

とにかく残って困るということがないので、イモを蒸すときは、思い切ってたくさんやるよ。火がとおっていると下ごしらえが済んでいるということだからね、メニューがラクに豊かになるよ。

ある日オムライスに
くくく
中学男だから悪気なし
死ね！
うわあああん
ひどいよお〜
いっしょうけんめーつくったのにーそんなこと書くのはひどいよーっ
ひぃいいいいっ
ほらもう消したから
ばくばく
すぐ食べちゃうから
ペタペタ
40秒くらいで完食
も…うう ないからか
ご…んぐっ ごめんね

#04

甘い空気のココアケーキ

甘いケーキの香りで、子どもたちのこころをわしづかみ！　のはずが……

毎日、子どもにごはんを食べさせる生活になって、どうしてもほしかったものがある。それはケーキやクッキーが焼けるオーブンだ。ワタクシ的には、どうしてもこれがなくてはダメなんである。ようするに自分の恵まれなかったおやつ生活のリベンジのために。わたしの子ども時代、自分の母親に手づくりのおやつというものをつくってもらう子は、ほんとうにごくごく少数派だった。

もちろん、お店で買ったおせんべいやビスケットみたいなものも食べてはいた。友だちが集まるとカッパエビセンだってポテトチップスだって、チョコレートのかかったクッキーだって食べた。お客さんの持ってきてくれたカステラやお饅頭だって、ちゃんと食べてはいた。でも農家の友だちの家に行くと、梨の木があって木登りしてそのままもいで食ったり、ゆで卵が大量に供されたり、そっちのほうが日常だったと思う。

なかなかにいま思うと豊かで、北の大地の恵みに守られ育てられ、なんと贅沢な！　というふるえがきちゃうようなおやつライフなのだが、なんかしょっぱいのである。「おやつ」という甘い響きから匂いたつようなふわふわ感がなく、ワイルドで野性味があり、おもいっきり遊びきったときにだけ流れる汗と埃の匂いがするのである。

そんな「塩気の多いおやつライフ」のなかで控えめな甘い記憶は、オーブンが絡んでいる。

転校生のフミヨちゃんの家に行くと、フミヨちゃんのママは、手づくりのケーキやクッキーで紅茶をいれて、もてなしてくれた。遊びに行くと白い壁には手づくりのお人形が飾られて、木綿のレースで縁取られたかわいい窓のついた食器棚からお花模様のティーカップが出される。お台所からは焼きたてのパウンドケーキの匂いがして、そのオーブンは、クリスマスにはチキンを焼いたり、グラタンやお肉の入ったパイなども焼くに決まっているのである。

ただ「すっげー、すっげー」と驚愕しながら、小さなケーキ専用のフォークで、フミヨちゃんのママの焼いたケーキをあまあまと口いっぱいにいただいた。

わたしの育った町に会社勤めをしている人は当時ほとんどいなかった。農業と商業の町だった。フミヨちゃんのママは、いつも家にいて、そこら中をきれいにかわいらしく整え、家の手伝いや弟や妹の世話を押しつけてきたりしない。「ほら！　挨拶して、こっちを手伝いなさい！　気がきかない！」と下男下女、家の最下層の身分として、子どもたちを扱うことをしない、当時はマレなタイプのおかあさんだった。

わたしたちじゃりっ子軍団は、たちまちにフミヨのママに夢中になった。オーブンからただよう甘いケーキの匂いとともに。

「オーブンがあれば……それでケーキなんか焼いちゃえば、子どもたちはわたしにメロメロになるに違いない！」

わたしがそう考えるのもムリはない。

電気の小さなオーブンは、一気にばっと焼かねばならんパンは難しいが、じわじわ火を通すパウンドケーキやクッキーなら、それなりにできる。砂糖とバターと卵を投与することで切り抜けるのだ。それでたまに家中に甘い匂いをさせている。実の息子どもは、もはやもうなんでもいい。問題は遊びにくる息子の友人たちだ。いくらオーブンから甘い匂いをさせたところで、家中じゃりじゃりの砂だらけで、宿題終わらせてから遊びに来い！外で遊べ！　と怒鳴り散らかしているんじゃ、やっぱりみんな、わたしにメロメロにならん。

この日は、めずらしく近所の3歳の子が遊びに来ていた。

焼いた。

一番評判のいいチョコレートの甘い香りのココアケーキ。

……だめだ……ゴジラのソフビにはメロメロなのに。

そのうちドカドカと兄ちゃん連中が戻ってくる。

あー腹へった、なんかないの？　ケーキ？　あーなんだこれか。ラーメンないの？　んじゃあこれでいいや、で四方八方からひと切れずつつまむ手がのびて、3秒でひとかけらも残らない。飲みこんでいるね、きみたち。「飲んで腹に入る」なら、粘土とかおがくずでもいいんじゃないのか？

いいんだ、オーブンでケーキを焼くのは自己満足だ。

わかっているって。

#05

ポトフSOS

自力が低迷してきたときにぴったり なんでも鍋に放りこんで

ポトフという食べ物は、オトナになってから知ったのです。

自分の子ども時代になかったメニューが、自分の子どもたちの大好物になっているというのは、進化だよね、うれしいよ。

ポトフをつくるのに必要なのは「大きな鍋」というのは、当然ですが、

・セロリの切れ端・にんにくひとかけ・白ワインか日本酒

いくら野菜などの材料をそろえても、その3つがないとポトフにはならない。それは20代のころ、わたしにポトフの存在とつくり方を教えてくれた年下の友人ワタナベさんの主張でもあります。

ワタナベさんは、女優を目指して劇団員になったり、インテリアコーディネイターを目指して高級骨董家具のお店で働いたり、まさに「女の自分探し」を地でいくような、時代に乗る力と行動力を兼ね備えたヒトだったのですが、いまはどうしているのだろう。ポトフつくるたびに、ワタナベさん、おいしいものを教えてくれてありがとう、と心から感謝の気持ちがわいてきます。

というのは、ポトフつくるときって、自力がないときなんですわ。ヘタすりゃニンジンなんて皮もろくにむかないで、ふたつに切っただけで鍋に放りこんで、あとは鍋まかせでできるから。しかも野菜の滋味がからだにもこころにもうれしいし、消化がいいから疲れているときはもってこい。子どもたちが小さいころは、大きな鍋に1回つくれば、暖め直しながら2日は食べられた。パンが合うのもうれしいです。自力がないときは、お米とぐのもつらいってことがあるから。

そんな感じで、ワタナベさんは女優にも（小劇場の舞台には何度か立ったらしい）インテリアコーデネイターにも（売り物のベッドでうっかり寝こんでしかられたことはあるらしい）ならなかったのですが、台所でくたびれたひとりの女を確実に幸せにして助けてくれた、たいへんえらいヒトなのです。

#06

嗚呼、よそのおふくろさんの味

正直、百回は失敗してるよちくしょう!!(涙)

毎年、これでもか！　これでもか！　とチャレンジしつづけてまったくうまくいかないというメニューがあります。

里芋の煮っころがし。

高校生のころ、マンガ描き友だちのトダさんのおうちで、ほんとによくごはんを食べさせてもらっていたのですが、マジでモリモリ食べさせてもらっていたのですが、トダさんのおかあさんのつくるお料理が実においしかったのです。

年頃の若い娘たちが、お化粧にもお洋服にも男の子にも興味を示さず、アニメ主題歌全集をガンガンかけながら、サンライズのロボットアニメキャラの模写とか、一休さんの再

今でも、
勇者ライディーンの
曲がかかると
自動的に
だ液が…
あ…

放送で声優さんのチェックに興じている姿に、おかあさんはまったく動じることなく「夕飯、食べていきなさい」とお膳にきれいにひとり分ずつの食事をしつらえて、2階の部屋まで持ってきてくれました。

煮魚や豚のソテーや野菜の煮浸し、高級料亭のように美しく、おいしくて、思春期で自宅めしと相性の悪かった時期のわたしは、こころの栄養をトダさんのおかあさんからご馳走になっていたわけです。

で、里芋です。

里芋の煮たのが殺人的においしかったのです。「なんだ、これは！」と思いました。出汁の味が芯までしっかりしみて、塩加減の絶妙さも、醤油の風味がするのに色白な表面も不思議（うす口しょうゆ？）。芋の粘りけを残しているのに、ハシでほっくり割れて、口のなかでばらばらにほぐれながら味がわあっとひろがる感じ。

ええ？　これが里芋の煮物？

おもわずトダさんのおかあさんを捕まえて、「どうやってつくるんですか?」と聞いたけれど、おかあさんは笑いながら「おいしかったの? うれしいわ。ふつうにつくるのよ」と答えるだけでした。

うわー、ふつうに……。

それから数年後、ふと思い出して「あの里芋を再現!」と、自分なりに出汁をかつおぶしで丁寧にとったりなんだりかんだりしながら、挑戦してみたのだけど、ぜんぜんダメ。旬の時期に素材を厳選するとか、つくるたびにあれこれやってみるのだけど、やっぱり記憶の味にはぜんぜん届かない。まだ挑戦中。塩加減にポイントがあるというのはなんとなくわかってきたんだけど……狙ってつくっていくうちはダメなのかもしれないなー。

すてきな人を真似ているうちは、ちっともすてきじゃないように、おいしいものを目指しているうちはおいしくならないのかもしれません。

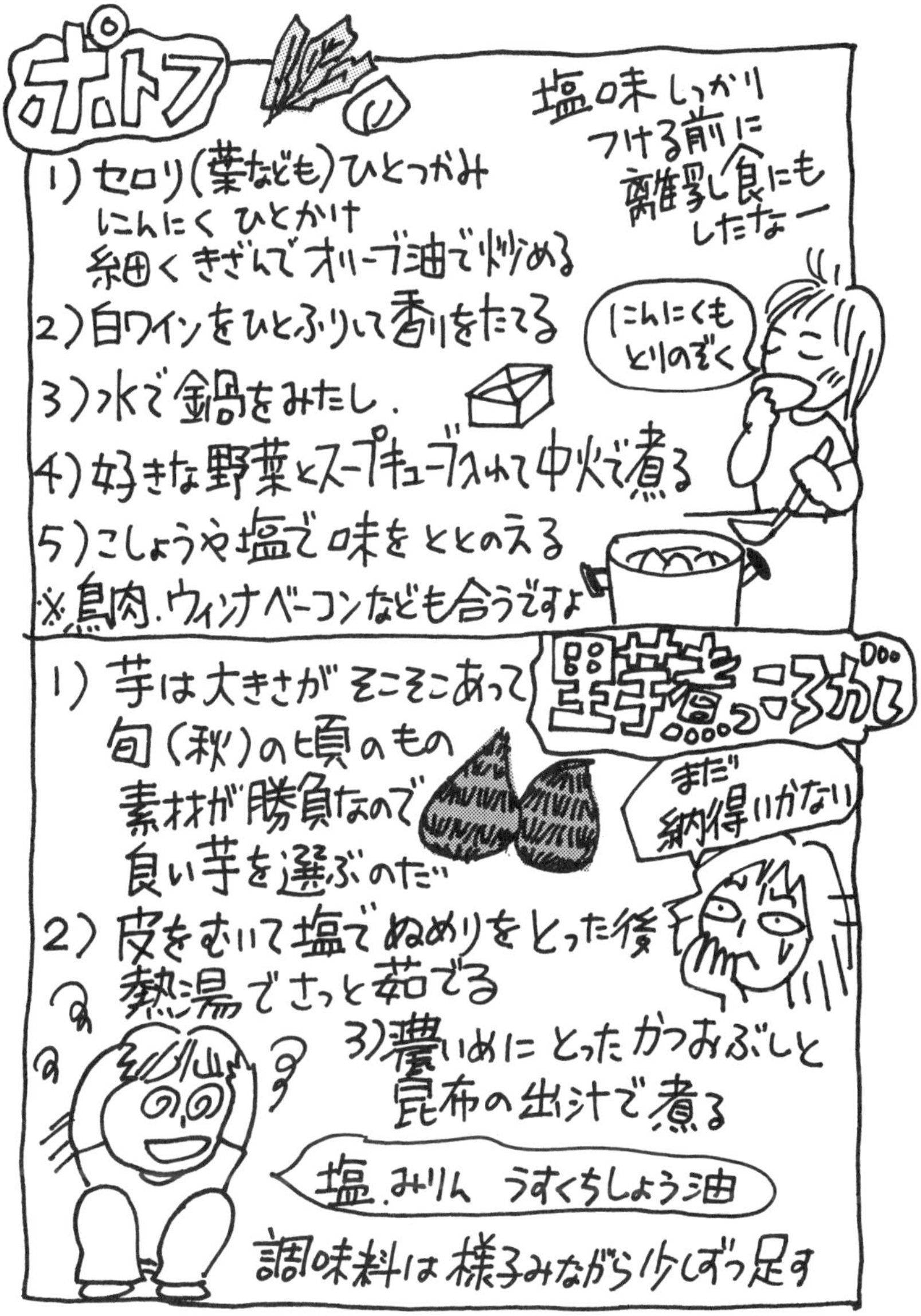
ポトフ
1) セロリ(葉なども)ひとつかみ
にんにく ひとかけ
細くきざんでオリーブ油で炒める
2) 白ワインをひとふりいて香りをたてる
3) 水で鍋をみたし.
4) 好きな野菜とスープキューブ入れて中火で煮る
5) こしょうや塩で味をととのえる
※鳥肉.ウィンナベーコンなども合うですよ
塩味しっかりつける前に離乳食にもしたなー
にんにくもとりのぞく
里芋煮っころがし
1) 芋は大きさがそこそこあって
旬(秋)の頃のもの
素材が勝負なので
良い芋を選ぶのだ
まだ納得いかない
2) 皮をむいて塩でぬめりをとった後
熱湯でさっと茹でる
3) 濃いめにとったかつおぶしと
昆布の出汁で煮る
塩.みりん うすくちしょう油
調味料は様子みながら少しずつ足す

#07

常備品いろいろ

こいつらがいないとはじまらないよ！まつい家の常駐部隊いろいろ

『にんにくのしょうゆ漬け』

作家の向田邦子さんの料理本でみて、おいしそう！　と思って漬け始めて、はや17年。いつも冷蔵庫の片隅に、この一瓶は欠かせない。にんにくをむいて適当な瓶に入れ、しょうゆを注ぐ。ただそれだけなんだけどあまりに便利。にんにくをちょっとひとかけ欲しいな、というときに生のまま保存しておくと干からびていたりするんだけど、しょうゆに漬けておけば風味が保存されるからね。

チャーハンや青菜の炒め物、カレーやポトフの洋風煮こみの下味、冷奴や冷やし中華のトッピング、瓶から取り出して細かく刻むと、家のごはんが簡単にグレードアップできる

のです。

『梅干』

以前は自分で漬けたりもしていたんだけど、ここ数年はスーパーのプライベートブランドの安いやつ。お取り寄せとかでお高いものは、ほんとおいしいんだけど、安いのでもちゃんと選べばじゅうぶんにおいしいです。疲れて食欲がないときは、おかずは梅干だけってこともあるし、からだの調子が悪いときのおかゆには梅干を添えるし、サッカーのお弁当はおにぎりだし、絶対切らさないようにしてあります。

『麩』

お味噌汁の具を考えたり刻んでいるひまがないのよっ！　というときに、袋からのそのままお鍋にポイッと投げこみます。卵でとじ丼物にしたり、肉じゃがに入れたりもします。

子どもたちが小さいころから、お麩の存在にはほんとうに助けられてきました。

『**かつおぶし**』

自分で削り器を使って、削るというのはあこがれですが、やはり手間を考えてパックのものを使っています。お味噌汁の具にはもちろんだけど、いわゆるおかかごはんとか、青菜を茹でてまぶしたりとか、お好み焼きにも、湯豆腐にもたっぷり使うし、うちでは登場回数多いです。

『**かたくり粉**』

かたくり粉と名はついているけれど、ほんとうはジャガイモのでんぷんですね。かたくり粉はいわゆる「名わき役」で、なければないでもいいのだろうけど、ないとともごはんの支度がしにくいです。炒めものの味がよく絡むようにとろみは不可欠。安いお肉も味つけさせてから、かたくり粉をはたいて焼くと肉のスープが肉の表面のとろみに閉じこめられて、ごちそう風味になるし、餃子を焼くときもかき玉スープをつくるときも、ないとちょっと困ります。

一瞬で火が通る
炭水化物!!
そうめん
あたたかい
にゅうめんも好き
みそ汁の具にもする
パキパキ
折って
ぶちこむ
たまご
生協の配達で
15個パックがあるから
助かってます
ゆかり
マホウの粉
ゆか
鮭のびんづめ
マホウの魚片
鮭
なめたけのびんづめ
マホウのきのこ
ナガノ
ホカホカ
ゴハンに
お茶漬け
おにぎり
おにぎりには
入れません
とけるチーズ
あまりものの上に
のせて
オーブンで
焼く
パン ピザ
パスタ
トマトホール缶
TOMAT
しょう油味に
あきたらイタリアン

#08

フルーツホットケーキ

ホットケーキが大好きで　くだもの入れてバリエーション

食べきれなかった
くだものは
一口大にして
凍らせてシャーベットにも
たいらにして
ビニール袋に入れて 凍らせる

朝ごはんにもおやつにもたくさん焼くホットケーキ。あまりに出番が多いので、牛乳を多めにして、うすくクレープ風に焼いたり、卵を多めにしてぽってりケーキ風にしたり、じたばたとバリエーションをつけたりするのがホットケーキちゅうもんだ。工夫にあきるとまたスタンダードに戻したり、子どもが生まれてから今日までに、わたしは何枚のホットケーキを焼いたことだろう？

くだものを入れて焼くのは、そのバリエーションつけのためというより、半端にあまってしまったくだものの再利用が目的だ。最初はバナナだった。１本だけ残り茶色くなっている、それをどう食べきるのかが問題だった。「バナナは硬めで熟していないくらいのほうがすき」というちの子たちは、甘みが出てちょうどおいしくなった一瞬をちょっとでも逃すと、もうそのままでは食べない。しょうがないのでつぶしてホットケーキの素に混ぜこみ焼いて食べさせてみた。バナナケーキというものがあったよ、と。

おいしいね！　とも言わないが、なにこれまずい！　とも言わない。ふつーにたいらげて、ふつーに「ごちそうさま」という感想だったので、よしこれはいけるなと、残りバナナ処理の定番になった。

くだものは、食べごろを逃すと悲惨だ。ある程度量があればジャムにしたりするけれど、やわらかくなってきたりんご1～2個、半端なキウイやイチゴ、そのままではちょっと手ののびないくだもの類は、どんどんきざんでホットケーキの素に混ぜこんでいく。

加熱すると水分が出てくるので、牛乳の量をすこし控え気味にするとうまく焼けます。

今日は4種類焼いてみた。

バナナ：ボリュームが出て、ふっくらする。味も一番なじんでいて安心の味。

りんご：酸味があって、さっぱりとした食感。シナモンを振るとアップルパイの味。

キウイ：表面の飾り以外にも、細かくきざんでたっぷり混ぜこんで焼くと、意外に甘い。

ホットケーキで あそぼー♪
フライパンで
パーツを焼く
皿の上で組み立てる
ちがーう
それは耳ーっ
どうちがうんだよーっ

いちご…色がきれいだからやってみたんだけど、香りがすごくよい。味はいちごジャムのせたかんじといっしょだよ。

子連れでおいでよの時代

フリードリンク、フリーフード
フリーおむつ換え放題の家

今はもう子どもたちが大きくなったので、そういう機会はゼロなのだけど、彼らがもっと小さいころは、同じように小さな子ども連れのお客さんが多い暮らしでした。

子連れ同士でどこかに出かけるのも、子どもの数がひとりずつとかなら、まだいいのですが、それぞれが二人三人となってくるとだんだん腰が重くなります。食事をしようと思ったらなおさらに。

「もういいから、家に来て」状態。

で、自宅に子連れの友人を呼んでごはんを一緒に食べるというのは、とてもおおごとで気が重いという話をときどき聞くのですが、わたしはなぜかへっちゃらでした。なぜなら

「もてなしの心」というものが欠落しているから。

おいでいただいたみなさまに同じものを同じだけ同じようにサービスするということをやらない。

やらないというか、できない。

居酒屋のように、できあがったものから大皿でサービスしていき、適当に好きなものだけつまんでもらう。おとなも子どももいろんなものを持ち寄ってくれるので、それもどんどん出していって、最終的にみんなのおなかがいっぱいになれば、それでオッケーとする。餃子と一緒にケーキが出たり、かなりアバウト。

うちは旅館やレストランじゃないんだからさー。

だいたい皿や茶碗もそろっていません。特に小さい子なんか一人前セットしても、ほかの子どもの動向に興奮してろくに食べなかったりするので、「その子どもを連れてきた人が、食べられそうなものを適当に確保して、食べさせてね」という以上の配慮はしないのです。

こんな感じなので、何日も前からメニュー考えて、仕込みして〜といういわゆるホームパーティというのはしたことないですよ。

集まる当日になっても、自分の家でみんなでごはん食べることに、全然ピンときていなくて、先に来た人にとりあえず飲みものとポテトチップ買い出しに行ってもらったりね。なんかどうでもよかったんです。

それゆえいらっしゃるみなさんも気楽だったのか、けっこう入れかわり立ちかわりいろんな人が遊びに来てくれて、子連れでどこにも出かけられないから煮詰まってウ～ということはありませんでした。

子どもがいる家庭はこうならステキ！　というあこがれをいったん横に置いておいて、それはそれ、でも現実はこうで、と、わざとあれこれユルめにしていたという感じもあります。

そのかわり厳密なルールもありましたよ。

子どもの客は「天気いいから、外に出て行け」といえば、外で遊ばなくてはならないし（マンションの敷地内に外遊びのスペースがありました）、大人の客も子どもたちの夜ふかし防止に、21時という閉店時間が厳密にありました。だから酒飲みの男客は全然来ない…

…というか、みなさん車で来る場合が多いから、アルコールはない日が多かった。

子どもが小さいときは、まだ独身時代の交遊関係を引きずることが多くて、地元の母親同士で飲むなんていうのは、やっぱり子どもたちが小学校にあがってからの話になります。とにかく夫婦で訪れた場合は、ものすごい話し合ってどっちが飲むかを決めて。缶ビール2本くらい飲んで大満足！　とか、小さい子がそばにいるとその程度です。そのかわり、ものすごい勢いでしゃべったり、寝たり（あーおなかいっぱいっていって寝ちゃう人も多かったです）、実家が遠くで息抜きしにくい母たちの実家っぽい役割だったかもですね、今思うと。

懐かしいなー。あかちゃんが部屋のあちこちでごろごろしていて、幼児たちがそのへんをぐるぐる走ってて、おやつわけたり、けんかしたり。

遊びに来てもらえると、わたしは台所仕事に集中できたので、すごくストレス解消になりました。冷蔵庫の中にあるものや持ち寄られたものを分量のこととか考えず、子どもたちにじゃまされることなく、どんどんつくってオッケーなんだもん。

ホビーの台所が楽しめるという時間が、あのころは、最大のレクリエーションでした。

子どもの分際
今日の飯サイコー!!
こんな日は月に1回もあれば充分
3人好みがバラバラだし…
三男はいつも文句をいう幼児だった
熱い〜熱くて食べられなーい
お肉がかみ切れないよ〜〜
さめるまで待てといっているのに
まだ口も歯も小さいんだよね
頭と骨が口の中で痛いし苦いよー
ピーマンにがいーー
ししゃもとはそーゆー食べ物だ
ゴメンあぶって塩ふっただけだわ、それ
文句をいいながら全部残さない幼児だった
3才ぐらいで5才7才の兄たちとまったく同じものを同じ分量食べていたのだ….

エピローグ

子どもたちと過ごす生活やごはんのことを書きました。

だいたい2002年から2006年くらいのあしかけ4年間くらいの間の出来事や気持ちを書いたものです。執筆中の2年間くらい体調を崩し、病院と自宅の寝室を往復しながら暮らしていたので、肝心のごはん生活というか、生活そのものがあやうかったという時期も含んでいます（もちろんその間、原稿はストップしていました）。

基本、小学生の男の子3人とわたしだけという家族構成でまわす生活だったので、わたしが寝込むと「台所の機能」は停止です。出前やお弁当やスーパーのお惣菜や外食にずいぶん助けてもらいました。散乱した鍋や積み重なるゴミの中でコンビニのおにぎりやパンを食べさせながら学校に通わせ、これではもうだめだ、と精神状態はますます追いつめられていきました。

手前みそになりますが、そんなわたしを支えてくれたのは、この本の仮タイトルだった「ベランダ飯」ということばです。家の内側でも外でもない中間地点で、子どもたちに毎日食べさせていくという視点を持てたこと、これが「大人として、保護者としての責任をどうあっても取る・逃げることもあきらめることもない。とにかく今日を乗り切って、明日はまた明日考えよう」という気持ちで過ごせたことが復活の原動力になりました。

それに加えて子どもたちにもたくさんのことを教えてもらいました。わたしが動けないでいると、それぞれの成長に合わせてどんどん家事を習得していくという、成長力をみせつけられたことはもちろん、本当に必要なことは、いつでも取り戻せる、取り返せるんだということです。

次男が1年生になってしばらくして、朝起きなかったということがあります。ごはんも食べませんでした。保育園の先生と祖母とベビーシッターさんの3点移動で、わたしは次男が1年生になるまでほとんど抱き

かかえることはありませんでした。次男が生まれた頃が一番忙しく年収が一番高かったのですが、それを支えるのは結局人の力でした。

支えられた周囲の手から、ひとりで学校に歩いていくのに、次男はもうちょっとだけ「自分は大丈夫」という自信がほしかったんだと思います。

シッターさんとはおむつが取れたころさようならをして、入学する前の3月には祖母を亡くし、入学式の前日まで6年間通った保育園を離れ、一気に支えを失っていたのに、「1年生だからもう大丈夫」と、わたしはうっかり手を放してしまった。

ああ、そうだったと、朝、抱きかかえて靴下を履かせ、「1年生なのにおかしい！」と指摘する三男に、「りきちゃんは、ひとりで保育園とおばあちゃんとシッターさんのところでこれまでがんばってきたんだから、これからおかあさんのだっこをとり戻すんだよ」と説明したら、次男は靴下を半分履きかけたまま、声をあげておいおい泣きました。

それからは、テレビを観るときも、夜眠るときも、彼を抱え続けまし

た。一週間するとわたしの手を振りほどき誰よりも早く起きて、ひとりでできることは全部ひとりでするという、以前と同じのおちついた生活をするようになりました。保育士さんたちと祖母とシッターさんが惜しまない愛情で抱えてくれていたので、彼はたった一週間で自信を取り戻したんです。

わたしがなんとか台所仕事を完全に投げ出さなかったのは、子ども時代に周囲の大人たちが、わたしにしっかりしたものを食べさせて続けてくれたおかげだと思っています。

子どもと暮らすことは、
子どもに食べさせること。
どんなことがあってもそれを放棄することはない。
あやうくなっても、やり直せるし取り戻せる。
大丈夫。

自分に言い聞かせながら書きおえることにします。

子どもたちに食べさせることに元気満々じゃなくて、ちょっと疲れてしまった、おとうさんおかあさんたちに読んでほしいと思っています。

またこの本は、料理のレシピというか詳しい作り方や分量については記述していません。わたしは料理についてはまったくの素人だし、くりかえす毎日の中で「まついさんとこは今日はぎょうざなのね」程度に、おかずの組み合わせについて、ちょっとだけヒントになることもあるかな、と。ええ、それ以上の役には立たないです。どこかのスーパーで顔を合わせ、「今日はなに？」とお互いの買い物カゴをのぞきこむような、そんな本がいいなと思っているのです。

原稿をまったく書けない時期も、それでもまついさん家が生きて生活をしているのは事実だと、企画を捨てることなく辛抱強く原稿が書けるようになるまで、わたしを待ち続けてくれた出版社カンゼンと、歴代の担当の山田嬢と川岸嬢、書き散らした下書きメモをただ黙って読み続け

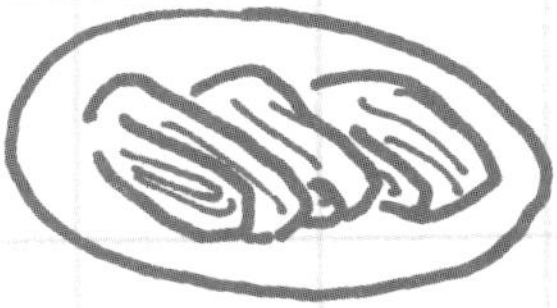

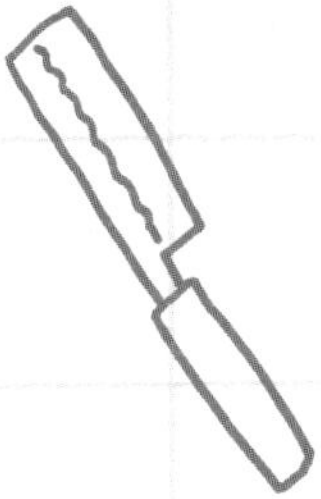

てくれたり、外のご飯に誘ってくれて説教抜きでおいしいものをご馳走してくれた、たくさんの友人たちに心から感謝をしたいです。

それとプロにはムリな自然さで、我が家の生活に自然に溶け込んで、すばらしいショットをたくさんモノにしてくれた撮影の谷本嬢、あなたの写真見て、この本つくりたくなった。長くかかったけれど、やっとできました。ほんとうにありがとう。

2006年9月　まついなつき

まついなつき 著

定価：1,260円（税込）

ISBN 4-901782-07-X

うちの子どもが
小学生になっちゃった!!
ねじまき小学生

小学生を持つ親だからこその
実体験おもしろエッセイ!

春 サクラ咲いたら1年生、
ひとりで学校行ってきます
（マンガ／なに買う、着せる？
入学準備：小学生準備号　ほか）

夏 夏休みもやってくる!
どこで遊ぼう？なにして過ごそう
（マンガ／迷える通信簿：宿題しないと0点　ほか）

秋 夕方のよその家のおかずの匂いに
追い立てられて家に帰る
（マンガ／遠足前夜祭：おやつ社会の掟　ほか）

冬 後5分寝ていたい、
早くこいこいクリスマス&お正月
（マンガ／年末年始、おこづかいバトル：
おこづかいどうするよっ？　ほか）

かあちゃんと息子たちをめぐる
爆笑エピソード

小学生・ご近所・PTA・地域をめぐるマンガ＆エッセイ。PTA役員選出、おやつのルール、宿題チェック、学童、入学準備、性教育、おこづかい、給食、地域の安全、父親のPTA…など。涙と笑いがいっぱい！　どんなことでも楽しく過ごしちゃうまつい家は、小学校もオモシロオカシク通っちゃう。小学生とその親の春夏秋冬がすべてわかります。

NPO法人子どもの教育 幼児部門代表

本吉圓子 著

価格：1,365円（税込）

ISBN 4-901782-87-8

あふれるまで愛をそそぐ

6歳までの子育て

あります!「抱っこ」より何倍もうれしい子育てのワザ

1章— 子どもの心にひびく愛 ひびかない愛

・子どもが今お母さんに一番してほしいこと
・たったこれだけのことで子どもが変わる　など

2章— あふれるまで愛をそそぐとき、子どもが変わる

・心が満たされるとやさしくなれる
・年齢によって違う愛の伝え方　など

3章— 甘え不足症候群の子どもたち

・小学5年生でも甘えたい
・子どもはおしっこで訴える　など

愛が伝わる! 子どもが変わる! 実例でわかる、親の愛の伝え方

一見ふつうの子が「甘え不足症候群」ということがよくあります。親は愛しているつもりなのに、それが子どもには伝わっていないのです。でも、親の愛が伝わったとき、子どもはたちまち変身します。伝わる愛と伝わらない愛とはどこがどう違うのか？　子どもに親の愛をしっかりと伝えるにはどうすればいいのか？実例ではっきりわかる本です。子どもの心の琴線にふれる的確な援助で劇的に変わっていく子どもたち——子育て中の親にとって、また保育者にとって興味津々の本です。

カバー・本文デザイン：寒水 久美子
ＤＴＰオペレーション：株式会社明昌堂

まついさんちの子どもめし

発行日　2006年10月13日　初版

著　者　まついなつき
発行人　屋木 達也
発行所　株式会社カンゼン
〒101-0021
東京都千代田区外神田2-7-1　開花ビル4F
TEL 03（5295）7723
FAX 03（5295）7725
http://www.kanzen.jp/
郵便振替 00150-7-130339
印刷・製本　東京書籍印刷株式会社

ISBN 4-901782-88-6
Printed in Japan
定価はカバーに表示してあります。

ご意見、ご感想に関しましては、kanso@kanzen.jpまで
Eメールにてお寄せ下さい。お待ちしております。